宝塚歌劇に誘《いざな》う
7つの扉

中本千晶著

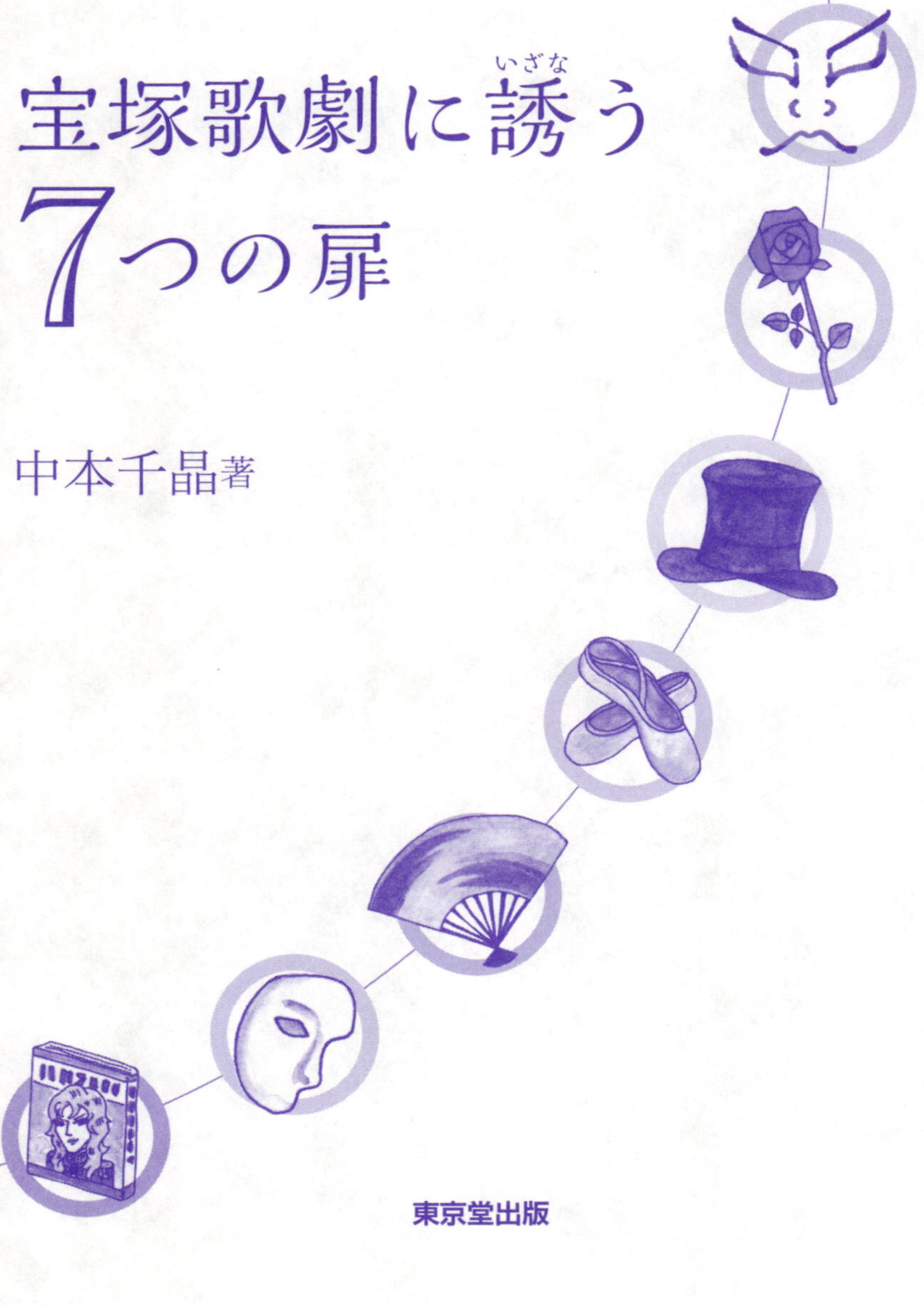

東京堂出版

はじめに
「タカラヅカ」とは何か？

「宝塚歌劇とは何か？　と聞かれたら、どのように答えますか？」

　あるところでこんな質問を受けて即答できなかった私、

「タカラヅカは……『タカラヅカである』としか言いようのないものです！」

　などと答えて、その場はお茶を濁してしまった。

　だが、その後もこのやりとりのことがずっと気になって仕方がなかった。世間ではタカラヅカといえば「ベルばら」のイメージが強いし、「男役」や「トップスターが背負う羽根」が物珍しげに取り上げられがちだ。だが、それだけじゃないのに！　という悶々とした思いを抱えているファンは少なくないだろう。

　だから「タカラヅカとは何か？」という問いに対する答えを本気で探してみることにした。

　そこで注目したのが、他の様々なジャンルの舞台とタカラヅカとの「微妙な重なり具合」だ。

「宝塚『歌劇』」というからにはオペラなのかと思いきや、そうではない。英語表記は

「Takarazuka Revue Company」だが、レビューばかりを上演しているわけでもない。タカラジェンヌになるためにはバレエは必須だが、純粋なバレエを踊るわけでもない。

昨今はタカラヅカでも海外ミュージカルが大人気だが、「ミュージカル専門劇団である」とも言い切れない。話題の「2.5次元ミュージカル」テイストの作品の上演も増えたが、タカラヅカの「2.5次元ミュージカル」はやっぱり何か違う。

さらにタカラヅカには「日本物」というジャンルもあり、タカラジェンヌは音楽学校時代に日本舞踊も学ぶ。だが、舞台ではオーケストラが演奏する洋楽に合わせて踊る。宝塚歌劇の生みの親である小林一三《いちぞう》は、歌舞伎の進化形たる「国民劇」として宝塚歌劇を考えていたことからしても、日本の伝統芸能、とりわけ歌舞伎とタカラヅカとは切っても切り離せない関係がある……。

つらつらと考える中で、脳内に思い浮かんだのは次ページのような図だった。

つまり、

「『タカラヅカ（宝塚歌劇）』とは、100年の歴史の中で様々なジャンルの舞台芸術のエッセンスを取り込んできた〝HUB〟のような存在である」

ということなのだ。ちなみに「HUB」とは「（活動などの）中心」のことだ。「車輪の中心部」

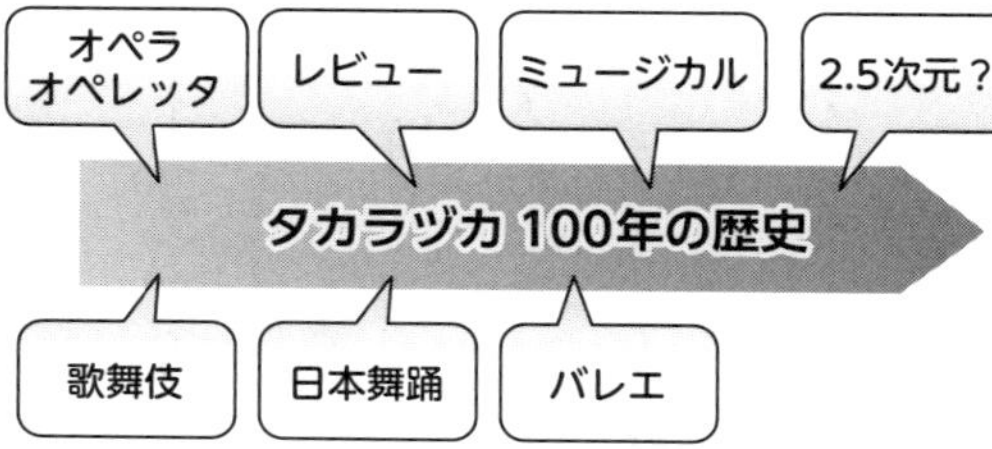

や「ネットワークの集線装置」「交通の結節点（ハブ空港など）」を表すときに使われる。

この図をパーツごとに探究してみようというのが、この本の試みだ。タカラヅカの世界と、他の7つのジャンルの世界との間には扉があって、タカラヅカの世界からこれらの扉を開けると、各ジャンルの世界をのぞくことができる。逆に、7つのジャンルの世界からこの扉を開けて、タカラヅカの世界に入ることもできる。だから「7つの扉」である。

7つの扉を開けてその先をのぞくこと、つまり、タカラヅカと各ジャンルとの関係を追うことは、タカラヅカの未来を占うことにもつながるのではないだろうか。単に過去をたどるだけではない、そこから予見できる未来も描きたいと思う。

それでは、扉を順番に開けていこう。そこには、これまで見えていなかったタカラヅカの本質が隠れているような気がする。

もくじ

本書では地名の「宝塚」と区別するため、そして宝塚歌劇を中心とした「タカラヅカ・ワールド」という意味も込めて、「宝塚」「宝塚歌劇」などではなく「タカラヅカ」という表記を主に使用しています。また、劇団員についても通称である「タカラジェンヌ」を使っています。

第1の扉
タカラヅカ×歌舞伎

男役 vs 歌舞伎の女形?

男性が女形を演じる歌舞伎と、女性が男役を演じるタカラヅカ。考えてみればひとつの国で、この2種類の演劇が発達したのは不思議なことだ。今や歌舞伎の女形も、そしておそらくタカラヅカの男役も、世界に誇れる芸といっていい。その両方を身近で楽しめる日本人は幸せ者だ。

歌舞伎の歴史は1603年、出雲の阿国が「かぶき踊り」を始めてから400年余り。対するタカラヅカは1914年に小林一三が宝塚少女歌劇養成会を始めてから100年。100周年と騒いでも、歌舞伎に比べればまだまだヒヨッ子である。

タカラヅカが歌舞伎よりだいぶ後に生まれたことからすると、男性が女形を演じる歌舞伎に対抗して「女性が男役を演じるタカラヅカ」が生まれたのだろうと思われがちだ。

だが、じつは全く違う。確かに、タカラヅカの生みの親である小林一三は大の歌舞伎好きではあったけれど、少なくとも「少女だけで歌劇をやってみよう」と最初に思いついたとき、対抗して考えていたのは歌舞伎ではなく「三越少年音楽隊」であった。

だからといって、歌舞伎とタカラヅカが無縁ということではない。むしろ、単に違う性の役を演じる演劇であるということ以上の、浅からぬ因縁がある。そしてそれは、創立者の小林一三自身が歌舞伎に対して深い深い思い入れを持っていたことにさかのぼる。

タカラヅカと歌舞伎。この2つの芸能のつながりは一筋縄ではいかず説明が難しいが、ここでは大きく4つのことを見ていこうと思う。

もともとはいくつかの偶然が重なって誕生した宝塚少女歌劇だったが、小林一三はやがて「歌舞伎に代わる、新しい時代に相応しい演劇」をタカラヅカでもって実現しようと考え始める。その理想「国民劇」とはどのようなもので、なぜ一三はそのようなことを思いついたのかについて、まず見ていこう。

また「歌舞伎」といえば松竹。白井松次郎・大谷竹次郎という双子の兄弟が興したこの会社も、ちょうど同時期に成長し、「歌舞伎」を変えた存在だった。やがて一三率いる東宝グループのライバルとなる、この「松竹」についても少しばかり触れておきたい。

タカラヅカの作品との関わりはどうだろう？　創成期は歌舞伎を題材としたものが目についたが、今はほとんど見かけなくなってしまった。だが、じつをいうと歌舞伎と深いつながりを持つ作品が大ヒットしている。「ベルサイユのばら」である。

そして、歌舞伎とは関係なくスタートした男役は、その後磨きがかかり、今やタカラヅカ一番の売りである。現在の「男役」と歌舞伎の女形を、最後に改めて比較してみたいと思う。

始まりは「イージーゴーイング」から

あらゆるところで先見の明を発揮した経営者・小林一三であったが、こと「男役」に関しては「歌舞伎と逆バージョンで、女性に男役を演じさせたらウケるに違いない」という先見の明があったわけではない。

タカラヅカの「男役」が女性ファンを魅了するようになるのはもっと後の話だ。宝塚少女歌劇を創立した頃の一三は、そんなことは想像もしていなかっただろう。

そもそもタカラヅカ自体が「ひょうたんから駒」的に生まれたものだった。思うに宝塚歌劇は、3つの偶然がたまたま折り重なって生まれたものだ。

第一の偶然は、宝塚新温泉の中の洋風建築「パラダイス」内に設けた温水プールがうまくいかなかったことだ。阪急宝塚線の客足を伸ばすために一三は、休日に家族みんなで出かけられる行楽地を終点の宝塚に作るというアイデアを思いついた。こうして生まれたのが宝塚新温泉だったが、この中に作られた温水プールは利用者が少なく失敗に終わってしまった。男女一緒に利用することに対する抵抗感もまだ強かったし、そもそも温水プールといいつつお湯が上手く出なかったのだ。この跡地を何とか活用できないだろうか、ということで思いついた窮余の一策が、温泉場の余興をここでやることだった。

第二の偶然は、宝塚少女歌劇が生まれる2年ほど前の1912年2月、たまたま一三が東京の帝国劇場で歌劇「熊野《ゆや》」を観ていたことである。この作品、1階席の観客の評価はさんざんだったが、3階席で観ている若い学生たちは拍手喝采だった。一三はこの光景を見逃さなかった。「これからの時代はやはり『歌劇』である」という思いが生まれたのはこのときだった（詳細は第2の扉58頁）。

そして第三の偶然が、ちょうどこの頃の東京で「三越少年音楽隊」なるものが大人気だったことである。ならば宝塚では「少女」による演し物をやればいいのではないかと一三は考えた。これこそが「男役」という存在を生み出す偶然でもあったわけだが、この点に関して一三自身も、「三越の少年音楽隊に競争しても、宝塚の女子唱歌隊ならば宣伝価値満点であるという、イージーゴーイングから出発したものであった」

（『逸翁自叙伝』）

と述懐している。

こうして誕生した「男役」が、今やタカラヅカの最大の売りのひとつになってしまったのだから、歴史というのは本当に不思議な悪戯をするものだ。

小林一三が目指した「国民劇」とは？

ひょんなことから生まれた宝塚少女歌劇だったが、小林一三は次第に思い入れを深め、[※1]やがて宝塚少女歌劇を自らの理想の体現の場だと考えるようになる。

興行師・小林一三にとっての終生のテーマは「新時代に相応しい『国民劇』をつくること」だった。この思いは、後の東宝設立にもつながっていく。宝塚歌劇を心から愛した一三ではあったけれど、宝塚歌劇でさえも「国民劇」創成のためのコマのひとつに過ぎなかったかもしれない。

一三は「国民劇」という言葉が大好きで、生涯にわたって様々なところで使い続けた。たとえば、一三最晩年に発行された『宝塚歌劇四十年史』のまえがきでは、次のように書いている。

「私は結局、歌とセリフと舞を、巧に組合せて、しかも、何時も新時代感覚を織込んで、観客が乗出して歓迎する歌舞伎、即ち、それが新国民劇だと言ひ得るものと考へている」

要するに、国民劇とは「歌ありダンスありで、観客が大喜びする今風のお芝居」のことだ。一三は、新時代にふさわしい「国民劇」が創成されることが、日本が文化国家として成熟し、ひいては西欧列強と伍していくために必要不可欠だと考えていた。

ではその「国民劇」は、歌舞伎やタカラヅカとどういう関係があるのだろう? 一三の主張はつぎのように整理される。

①江戸時代までは歌舞伎こそが「国民劇」であった。
②新しい時代に適応していない今の歌舞伎は「国民劇」とは言い難い。
③歌舞伎に代わる「国民劇」が必要だ。それは「歌劇」である。

「その第一歩としてつくられたのが我が宝塚少女歌劇なのであります!」というわけだ。

そのあたりのことが非常に詳しく論じられているのが、一三の著作『日本歌劇概論』だ。この本は1923年7月、関東大震災の直前に初版が出され、1925年に増補改訂した第三版が出されている。小林一三がこの時代の日本の演劇をどうとらえ、何を理想としていたのかがよくわかる興味深い一冊である。

ちなみに1925年というと、宝塚少女歌劇が誕生してから10年余り、宝塚大劇場ができた翌年だ。この年、一三は50歳。経営者としても油の乗り切った時期だ。試行錯誤を重ねてきた少女歌劇もようやく軌道に乗ってきて、いよいよ念願の大劇場も建てた！　というタイミングで書かれた一冊だ。

ただし、この頃はまだ、いわゆる「レビュー時代」には入っていないという点に注意したい。日本初のレビュー「モン・パリ」の上演をきっかけに、タカラヅカが一三自身も思いもよらなかった方向に進み始めるのは、この本が書かれた2年後である（詳細は第3の扉87頁）。

以下、一三の主張を順を追ってみていこう。

①江戸時代までは歌舞伎こそが「国民劇」であった。

江戸時代までの歌舞伎は、江戸や大坂の街の人々の間で親しまれ、彼らによって育てられた演劇だったから、まさに「国民劇」であった。一三は「国民劇」たる歌舞伎の優れた点は次の7つだとした。これが、一三理想の「国民劇」7条件といってもいいだろう。

1. 音楽がある。
2. 唄がある。
3. 踊りがある。
4. 台詞が唄によって語られる。
5. 扮装や動き、場面が絵画的である。
6. 2500年の長い歴史を題材とする。
7. 役者と観客がともに娯楽的な雰囲気にある。

「えっ！　これってまさにミュージカル？　タカラヅカ？」……つまり、100年後の国民劇はミュージカルといってよく、今のタカラヅカもなかなかいい線を行っていると思うのだが、それはまた後ほど、第6の扉にて。

② 新しい時代に適応していない今の歌舞伎は「国民劇」とは言い難い。

何故、歌舞伎は「国民劇」としてふさわしからぬ存在となってしまったのだろうか？

江戸時代といえば士農工商の身分社会。歌舞伎の主たる観客となったのは、身分上は一番下の「商」として抑圧されていた人々だった。彼らには、せっかく蓄えたお金の力を広い世界で使って自己実現する自由がなかった。そこで彼らが向かった先が「花街」だ。彼らは、富の力を花街でぱーっと使うことで欲望を発散させた。ゆえに江戸の文化は花街で極度に洗練された。歌舞伎もまた、こうした花柳芸術の一端として育ったものであるというのが一三の言い分だ。

何だか極論のような気もしないでもないが、言われてみれば確かに、歌舞伎や文楽などで描かれる恋愛といえば遊郭での恋、ヒロインは遊女と相場が決まっている。「心中・恋の大和路」の梅川・忠兵衛のような恋だ。描かれるテーマも何となく限定されていて、「大店の若旦那と遊女が愛し合い、挙げ句の果てに心中してしまう話」、あるいは「武士が主人への忠義と、私的な恋や子どもへの愛情との狭間で苦しむ話」かのどちらかのパターンが多い。

だが、今や四民平等の世の中、「国民劇」もそれだけじゃダメでしょ、というわけだ。男女の恋だって、描かれるテーマだって、もっと幅広く色々あっていい。

③歌舞伎に代わる「国民劇」が必要だ。それは「歌劇」である。

もうひとつ、一三が断固として否定したのが「三味線音楽」だった。閉ざされた花柳社会で発達した三味線音楽は、何とも暗くて物哀しい。それに、子どもたちが義務教育で西洋音楽を学ぶ時代なのだ。ゆえにこれからの「国民劇」たるもの、当然ながら西洋音楽を使わなくてはならないと考えた（詳細は第2の扉50頁）。

では、先の7つの条件を満たしていて、なおかつ西洋音楽を使う演劇とは何か？「歌劇」である。「歌劇」こそが次世代国民劇として相応しい形式だ。一三は、そう考えたのだった。

この「国民劇構想」の実現のために必要不可欠だと考えられたのが、「大きな劇場」である。新しい国民劇が根付くためには、お客さんが気軽に劇場に足を運べるよう、チケット代が安くなくてはならない。そのためにまず「4000～5000人を収容できる大劇場をつくるべし」と考えた。利益を下げずにチケット代を安くするためには、観客数を増やすしか方法はないというわけだ。

このような考え方から1924年に作られたのが、4000人収容をうたった宝塚大劇場[※2]だった。作品の内容は後から、大劇場に見合ったものを考えていけばよい。経営者らしい一三の考え方であった。

「演劇改良運動」にさらされる歌舞伎

何故、小林一三はこんなことを考えるようになったのだろう？

一三が生まれたのは1873年1月3日だが、じつはこの頃、明治維新によって歌舞伎も大変な時代を迎えていた。何故なら、それまでの歌舞伎は庶民のお楽しみであり、身分の高い家庭では「教育上よろしくないから観てはいけない」とされてきたぐらいのものだったのに、政府のお偉方が突然口出ししてきたからだ。「西欧諸国の皆さまや上流階級の方々にご覧いただいても恥ずかしくないよう、歌舞伎を何とかしなさい」というのが、政府のお達しだった。

政府が突然このようなことを言い出したのは、欧米諸国視察の結果「演劇や音楽は外交手段の重要な一翼を担うものだ」ということに気付いたからだ。当時、演劇といえば歌舞伎のこと。ならば歌舞伎を何とかせねばというわけだ。いわゆる「演劇改良運動」[※3]のはじまりである。

政治が演劇に口出しするなど、今の感覚では想像しにくいことだが、それが外交にまで直結するとなれば政府にとっても大問題だった。ましてこの時代は幕末の開国に際して結ばされた不平等条約の改正が最重要課題だったから、そのためにも一刻も早く「西欧諸国と並んでも恥ずかしくない日本の姿」を見せつけねばならなかった。

しかし、「演劇改良」において政府が求めた内容というのは、

「高尚な演劇にせよ」

「淫らな男女関係を描くのではなく道徳的な内容にせよ」

「作り話は不可。歴史的事実を尊重せよ」

といったものだった。「それではまるで面白くないのでは?」というのはまったくその通りで、実際この方針に基づいて作られた写実的な「活歴もの」は、庶民の受けはそれほど良くはなかったらしい。[※4]

１８８６年には政財界の支援のもと「演劇改良会」なるものまで組織され、劇場建設の話も浮上し、会社まで設立された。だが、実際の劇場建設には至らなかった。

歌舞伎座も、この「演劇改良運動」の流れの中で誕生した劇場だ。設立は１８８９年。作ったのは福地《ふくち》桜痴《おうち》[※5]というジャーナリストと千葉勝五郎という金融業者である。演劇改良運動に高い関心を寄せていた福地が政府の動きの遅さに業を煮やし、資金力のある千葉の協力を仰いで理想をさっさと実現させたというわけだ。

歌舞伎座といえば今では「歌舞伎の聖地」のイメージだが、このときは「歌舞伎座」と名乗っ

たこと自体が画期的と言われるくらいだった。それまでの芝居小屋は「市村座」「中村座」という具合に座元名か、もしくは地名を使うのが普通だったからである。ちなみに「歌舞伎座」以外に「改良座」や「改良演劇場」という案もあったという。

同じ頃に歌舞伎界を驚かせていたのが、タカラヅカでは「夜明けの序曲」（１９８２年・１９９９年に花組で上演）でおなじみの川上音二郎だった。すでに関西で「オッペケペー節」を大流行させて有名人となっていた音二郎は１８９１年2月、大阪で「日本改良演劇」と銘打った芝居を開始した。これがいわゆる、歌舞伎に対抗する新派劇の始まりだ。

大阪での公演は不入りだったが、内容に改訂を加え、上京しての公演は大当たりした。演目は板垣退助の襲撃というタイムリーな事件を題材とした「板垣君遭難実記」だった。

小林一三が生まれ育ち、青春時代を過ごしたのはそんな時代だ。

一三が初めて芝居というものに触れたのは、まだ10歳前後の頃、生まれ故郷の山梨県韮崎《にらさき》町（現在は韮崎市）で通っていた小学校の近くにあった「蓬莱座」という芝居小屋でのことだった。初めて観た作品は、武智光秀（明智光秀のもじり）を主人公とした「絵本太閤記」だったらしい。

15歳で上京して慶応義塾に入学してからは、本格的な劇場通いが始まり、芝居好き文学青年となっていく。歌舞伎座ができたのも上京してから2年目のことで、開場興行も観に行っている。また、この頃大人気だった川上音二郎の一座にも足を運んでいる。「まことに緞帳《どんちょう》式な低級さで大きくなった」（『逸翁らくがき』）そうだから、どちらかというと庶民派な芝居が好きだったのだろう。

２０１５年９月に放映されたＮＨＫドラマ「経世済民の男　小林一三」は、三井銀行員時代の一三が大金の入ったトランクを列車で運搬する最中、「曾根崎心中」に読みふけるあまり、隣にいた男に札束を盗み取られてしまうシーンから始まった。

もちろんこれはドラマならではの演出だろうが、芝居好きの一三が近松の「曾根崎心中」にも深い思い入れを持っていたことは事実だ。入社して最初の配属先が大阪支店だった一三は、初めて大阪の地に降り立ったとき、「曽根崎警察署」という看板を見て「何て野暮な看板なんだ」とガッカリしたり、「蜆川、堂島、中之島」といった近松作品ゆかりの地名を見て喜んだりしている。初めて阪急電車で「宝塚」駅に降り立ったタカラヅカファンが、町中が「宝塚」という表記であふれかえっていることに興奮するのと似たようなものだろう。

若き日の一三は「演劇改良」に揺れる歌舞伎界の様子を肌で感じていたに違いない。巷では自由民権運動が盛り上がり、その思想を舞台で訴える川上音二郎の壮士芝居が喝采を浴びるいっぽうで、大日本帝国憲法が発布され、いよいよ西欧諸国と肩を並べるぞという時代でもあった。「新たな時代の国民劇をつくるのだ！」という理想も、そんな時代の息吹の中で種撒かれたものなのだろう。

後に一三はこんな風に述べている。

「私は、文学者や劇場関係者によって試みられる演劇改良だとか、興行改善だとか、さういふ御議論は、いつも実行する点において定見のないのが歯がゆくてたまらなく思っている。私の説はまた反対に、いつも独断的で、時々脱線することも知っている」（『日本歌劇概論』）

この時代、知識人たちの間では「歌舞伎界はどうあるべきか」についての議論が盛んに行われていた。庶民の芸能に過ぎなかった歌舞伎について、知識人たちの間で高尚な議論が交わされるようになったこと自体が驚きであった。

小林一三という人は歌舞伎を愛するがゆえに歌舞伎の古い因習と戦い続けた人だ。だが、その戦いは議論だけではない、常に実践を伴っていたのだった。

「松竹」の誕生

ところで、「歌舞伎」といえば松竹である。現在、歌舞伎座、新橋演舞場、大阪松竹座、京都南座を運営し、歌舞伎興行を手がけているのが「松竹株式会社」だ。小林一三率いる「東宝株式会社」の最大のライバルとなった会社だが、いったいどのような成り立ちなのだろうか？

「松竹」を興したのは白井松次郎、大谷竹次郎の双子の兄弟だ。名字が違うのは、兄の松次郎が勤め先の娘と恋仲になり、結婚して婿養子になったからである。

この兄弟は1877年12月13日生まれだから、1873年生まれの小林一三よりも4歳年下だ。二人は京都の劇場の金主（スポンサー）であった父の元で若い頃から勤勉に働いた。12歳のとき、名優といわれた九代目市川団十郎と初代中村鴈治郎《なかむらがんじろう》の夢の共演を観て感銘を受けたのが、この世界で身を立てようと決意したきっかけだったという。

一三が三井銀行でうだつのあがらぬサラリーマン生活を送っている頃、すでに二人は「松竹合名会社」をおこして関西のいくつかの劇場を手中に納め、興行師として頭角を表していた。

この時代の劇場には、今の私たちには信じ難いようなことが色々とあったらしい。劇場入り口にはゴロツキがたむろし、ゆすりまがいの金銭を劇場に要求し、劇場内には商売人がはびこり、劇場には一銭も払うことなく利益をむさぼっていた。兄弟は体を張って中間搾取者の一掃に務めた。公演時間もダラダラと長く、看板役者の気分次第で幕間が延びることもあった。不入りが続くと劇場を閉めるのも普通だった。だが、松竹は公演時間を短縮し、決められた期間、時間に公演をした。稽古にも熱心に立ち会い、裏方もきちんと監督した。

今の感覚からすると、当たり前のことを当たり前にやっていただけのように思えるが、因習のはびこる歌舞伎界では勇気のいることだったに違いない。若い二人による改革の断行は、観客や役者、演劇関係者らの支持を集めたのだった。

１９１０年には東京に進出。このときから兄の白井が大阪担当、弟の大谷が東京担当という体制ができあがる。

そして、１９１３年10月には、迷走を続けていた歌舞伎座の経営も任されることになるのだ。タイミングとしては、ちょうど一三が宝塚少女歌劇を始める1年前。このとき兄弟はまだ35歳の若さであった。

１９２２年、松竹は宝塚少女歌劇の向こうを張って大阪に「松竹楽劇部」を設立する。これが後に大阪松竹歌劇団（ＯＳＫ）や松竹歌劇団（ＳＫＤ）となり、とくにＳＫＤは１９３０年代に「西のタカラヅカ、東のＳＫＤ」と称されるほどになる（詳細は第３の扉98頁）。

いっぽう「国民劇」の理想を掲げる小林一三は東宝を設立。[※6] １９３４年の東京宝塚劇場開場を皮切りに、日比谷映画劇場、有楽座、日劇（日本劇場）、帝国劇場を傘下におさめていく。松竹に対抗して日比谷に劇場街を創り上げた東宝は、松竹と興行界を分かつライバル会社となっていくのだった。

かくも因縁浅からぬ両者なのだが、ちょうど一三率いる東宝の面々が松竹との大バトルで疲弊していた頃、一三は次のようにイヤミたっぷりに書いている。

「松竹のエライ点は徒らに犠牲を払ったり、理想に弄る私達のやうに口嘴の黄色いバカバカしいことにこだはらない事である。『宝塚少女歌劇』が歓迎せられる時代には、それと同一の『松竹少女歌劇』を組織する。…（中略）…そして私達が国民劇の創成などと真剣になってウロウロしている間は、歌舞伎座も東京劇場も明治座も新宿第一劇場も、旧態依然たる営業によって商売をしつつ、其国民劇なるものが、万一にも、東宝の若き理想家によって、成功した場合には、大きに御苦労様とも何とも言はずにそれに対抗的存在を樹立せしむるであらう」

（『芝居ざんげ』１９４２年）

若くして現場から叩き上げ、のし上がった兄弟に対し、忸怩たる思いもあったのだろうか。こうしたエピソードからも、現実主義の松竹・白井大谷兄弟と、いつまでも理想主義で夢を追い続けた一三との対比を感じてしまうのだった。

「ベルばら」も歌舞伎の落とし子だった？

タカラヅカの上演作品と歌舞伎とのつながりはどうだろうか？　タカラヅカの創成期は、芝居とはすなわち歌舞伎のことだったから、タカラヅカ作品の中にも歌舞伎を題材にしたものは珍しくなかった。

タカラヅカ初期の一番の名作といわれた「お夏笠物狂《なつかさものぐるい》」（久松一声作・1920年初演）も、歌舞伎でおなじみの「お夏清十郎」の物語を題材としたものだ。

1932年には、歌舞伎レヴュウ「忠臣蔵」なる作品も上演されている。その2年前の1930年に白井鐵造の「パリゼット」が大ヒットし、タカラヅカが一気にレビュー時代へと舵を切った時期だ。ならば「忠臣蔵」だってレビューにしてしまえ、というわけだ（詳細は第5の扉175頁）。もっとも、「忠臣蔵」のタカラヅカでの舞台化はさらに古くて、1926年の喜歌劇「ハラキリの稽古」、塩谷判官切腹のくだりのパロディだった。

ちなみに一三は、新しく建てた宝塚大劇場で歌舞伎も上演していく心づもりだったらしい。『日本歌劇概論』の中でも、1年のうち8カ月は宝塚少女歌劇を上演し、「あとの四カ月は、市村座菊五郎一座と限らず、努めて広く、各方面に開放して、大劇場に適当なる芝居をご覧に入れ、…（中略）…わが劇界の進むべき途を開きたいと思ふのであります」と述べている。事実、大劇場が落成した1924年の9月3日から28日まで、菊五郎一座の大歌舞伎が開催されている（『宝塚歌劇五十年史』）。何と、宝塚大劇場でタカラヅカ以外のものが上演されたこともあったのだ。ただし、歌舞伎の上演はこれ一度きりで終わってしまったらしい。

戦後も、1950年代の上演作品には、宝塚歌舞伎「白井権八」（1954年）、歌舞伎レビュー「曽我物語」（1955年）、グランド・レビュー「国姓爺合戦」（1955年）といったタイトルが目につく。

この頃には「宝塚義太夫歌舞伎研究会」なるユニークな試みも行われていた。これは人形浄瑠璃から生まれた「義太夫歌舞伎」をタカラジェンヌでやってみようというもので、1953～65年に18回の公演が行われた。

指導は上方歌舞伎の林又一郎。浄瑠璃・三味線は女義太夫の竹本三蝶《たけもとさんちょう》一座がつとめた。後に歌舞伎の市川団十郎（十一代目、今の海老蔵の祖父）、片岡仁左衛門（十三代目、今の仁左衛門の父）、文楽の桐竹紋十郎《きりたけもんじゅうろう》（二世）などの大御所も指導に来ている。演出家の酒井澄夫氏も演出助手として加わっていたらしい。

このような試みをタカラジェンヌがやっていたということにビックリである。こうした経験を積むことで、日本物の基礎をしっかり固めようという意欲がタカラジェンヌ自身にもあったということなのだ。

だが、その後は歌舞伎を題材とした作品は次第に減っていく。今、「芝居といえば歌舞伎のこと」と思っている日本人はいないだろう。一部の歌舞伎好きな人をのぞいて、多くの人にとって歌舞伎とは、ちょっぴり敷居の高い「伝統芸能」である。

最近のタカラヅカの作品で、歌舞伎を題材にしたものとして思いつくのは「もはや思い残すことはござらん！」の名台詞で知られる「忠臣蔵」（1992年雪組）、そして「冥途の飛脚」

を題材とした「心中・恋の大和路」（２０１４年雪組で再演）ぐらいだろうか。「曾根崎心中」も「近松・恋の道行」（２０１２年花組）や「銀二貫」（２０１５年雪組）の劇中劇で取り入れられている。

少なくとも作品の面においては、タカラヅカと歌舞伎は縁遠いものとなってしまったように思える。※7

だが、歌舞伎とタカラヅカはそう簡単にサヨナラできる関係ではないのだった。じつは、現在タカラヅカの代表作ともいわれる作品が歌舞伎の強い影響を受けている。そう、「ベルサイユのばら」である。

１９７４年、この作品の初演時に演出を手がけたのが長谷川一夫だった。長谷川といえば時代劇の二枚目スターだった人だが、もともとは歌舞伎の出身だ。後に映画界に転身するが、東宝が戦後に始めた「東宝歌舞伎」の看板役者でもあった。

長谷川はその役者人生で培ってきたノウハウを「ベルばら」に惜しみなく注ぎ込んだ。『歌劇』１９７４年９月号の座談会を読むと、

「主役の出は、お客様を待たせておいて、それにおこたえして出て来る感じの『出』にしてます」

「相手の芝居をうけるのが主役です。相手が上手くなったから自分はもっと上手くやってやろう、と考えるのは邪道で、じっとあわてず相手の芝居をうけて喰われていればいいの、必ず主役はあとで見せ場があるし、それにたえていることで大きさが出るようになっているのです」

といった名言が満載だ。今「ベルばら」を観ても、そんな長谷川の教えが浸透し、脈々と受け継がれていることを感じる。「ベルばら」といえば「ついに墜ちたか……フランス、ばん……ざい……」（オスカル）、「マリー・アントワネットは、フランスの女王なのですから！」など、大見得を切って言う名台詞の数々が思い出されるし、主要人物は必ず音楽と共にジャジャジャーンと登場する。このためひととき

わ「歌舞伎的」だと言われるが、それも長谷川の指導のたまものだろう。

「タカラヅカ×歌舞伎」といわれて歌舞伎好きな人が思い出すのは、1989年の俳優祭における伝説の演し物「べるさいゆ　ばらのよばなし（佛国営殿薔薇譚）」だろう。「俳優祭」とは歌舞伎役者が一同に集う催しで、タカラヅカでいうところの「タカラヅカスペシャル」のようなものだ。

この演し物は「ベルばら」のパロディだが、そのクオリティがとにかく素晴らしい。この種のイベントの演し物としては歴史に残る名作といっていいと思う。

オスカル役は、当時まだ中村児太郎だった中村福助。知り合いのタカラジェンヌにも稽古をつけてもらったというだけあって、登場した瞬間に客席がどよめく美しさだ。アンドレの市川右近と共にノリノリの熱演である。マリー・アントワネットに中村雀右衛門、うるさ方のご夫人達に市川猿之助（三代目・当時）・中村勘九郎（五代目・当時）らが扮するといった豪華な配役。構成・演出を手がけたのも猿之助である。

このパロディ、タカラヅカ版の「ベルばら」を基本的にそのまま歌舞伎役者で上演しているだけなのに、不思議とハマってしまうところが可笑しいのだ。有名な決めゼリフもタカラヅカ版に忠実だが、歌舞伎役者が演じてもしっくり来る。いや、むしろ決まる。クライマックスで突然義太夫節が入ったりするのだが、これまた意外と違和感がない。

こうしてみると「ベルばら」は歌舞伎だと言われるのにも改めて納得してしまうのだ。

進化する「男役」

さて、「イージーゴーイング」から始まった「男役」だったが、これがその後、一三さんもビックリの進化を遂げていく。

「男役」の存在は当初はタカラヅカにとってのネックだった。ひょんなことから「少女ばかり」で始めてしまったため、男性の役も女性が演じざるをえなかったけれど、女性だけでは「国民劇」として成熟するのは難しいのではないかと考えられたからだ。

そこに当然のように浮上してくるのが「男性加入論」である。

タカラヅカで男性の加入が試みられたことは、舞台「宝塚ＢＯＹＳ」のおかげで随分と有名になった。終戦直後の１９４５年12月に発足した「宝塚歌劇男子部」を描いた作品である。

だが、じつはそれ以前にも何度となく、男優の育成やタカラジェンヌとの共演が目論まれたことはあったのだ。たとえば、創立間もない1919年には早くも「選科」が設立され、男優の養成が試みられている。その後も1926年には男女合同の新劇団「宝塚国民座」が創設され、1932年にはグランド・オペラ上演を目指して「男性研究科」が作られ、1939年には男性を加えた軽演劇「宝塚ショウ」が実施されている。

だが、いずれも周囲の反対であえなく頓挫してしまった。これはひとえに「男役」芸の洗練のたまものともいえるだろう。1930年代のレビュー時代には女性ファンが増え、男役人気が一気に高まった。その後、オペレッタからミュージカル、ショーと幅広く経験を積むことで、お芝居・ダンス・歌に磨きをかけた男役は人気と実力が伴った存在として進化していく。

そして今、「夢の世界」を体現するタカラヅカにおいて、女性にとって理想の男性を演じられる「男役」の存在はむしろ「強み」であり「売り」でもある。

もっとも、いくらタカラヅカの男役が素敵だといっても、それを歌舞伎の女形と対比するのはおこがましいという感覚もあるだろう。もっというと、「歌舞伎の女形」は伝統芸として認められているにも関わらず、「タカラヅカの男役」に対してはキワモノ感のほうが根強く、タカラヅカファン自身もそのことに引け目を感じているようなところがあった。

だが、この「キワモノ感」や、それに対するファンの引け目もまた、タカラヅカが100周年を迎えた今、劇的に変わってきている。

10年ほど前、私が初めて出したタカラヅカ関連の著作『宝塚読本』（バジリコ）のまえがきは、こんな風に始まっている。

「私たち宝塚ファンは『ヅカ』『ヅカファン』という言い方が嫌いだ。しかし、そのいっぽうで『私、宝塚ファンなんです』ということを、明るくカミングアウトするのも意外に難しい」

この「まえがき」の書き出しに関して、何より私自身が今の感覚とのズレを感じてしまう。まず「ヅカ」という言い方を気にしないファンが増えてきている。これには漫画『ZUCCA×ZUCA』などのおかげで「ヅカヲタ」という言葉が市民権を得たことが大きいだろう。

自身がヅカファンであることも、みんな明るくカミングアウトするようになってきた。これに関してはデータでも実証済みで、2014年『タカラヅカ100年100問100答』の執筆にあたってファン向けにアンケートを実施し、その中で「職場や学校など周囲の人に『タカラヅカファンであること』をカミングアウトしていますか?」と聞いてみたところ、回答者67

名中57名が「はい」と答えている。

今や「男役芸」はタカラヅカ１００年の伝統のたまものとして誇るべきものだというとらえ方が主流で、「女子どものシロウト芸」などとバカにするほうが恥ずかしいことになりつつある。最近とくに感じるのは、男性が「男役」という存在を許容するようになってきたこと、そして中には「男役」を素直にカッコいいと感じてしまう男性も増えてきていることだ。

ある男性ファンに、贔屓《ひいき》の男役さんはどういう存在なのかと聞いてみたところ「もはや性別を超えた存在。とにかくカッコいい」という答えが返ってきたことがあった。これ、「カッコいい」の部分を「美しい」に置き換えてみると、まさに私たち女性が坂東玉三郎さん演じる女形を観て思うことと同じではないか。

こうした変化の背景には、ひとつにはジェンダーにまつわる価値観の変化があるが、同時に男役という存在が進化し、洗練されたものになってきているということも大きいと思う。

演じる側の意識も大きく変わってきているのを感じる。それを象徴するのが「髭《ひげ》」問題だ。その昔、うら若き女性が舞台上で髭をつけることには大きな抵抗があった。まして、二枚目であるべきトップスターが髭をつけるなんて考えられないことだった。１９７７年、「風と共に去りぬ」でレッド・バトラーを演じた榛名由梨《はるなゆり》がトップスターとして初めて髭をつけたことが物議をかもした。東京公演の前には「風と共にヒゲが…さて、箱根を越えるか」などという見出しの新聞記事まで掲載されるほどだった（朝日新聞1977年4月23日付）。

しかし、最近のファンからしてみると「へぇ〜そんな時代もあったんですねぇ」といったところだろう。かつては「髭のブロマイドは売れない」というのが定説だったらしいが、今では無難な二枚目風より髭をつけてニヒルに決めたものの方が人気だ。今どきの男役は、初めて髭をつける役を演じることになったとき「私、今回が髭デビューなんです！」などと嬉々として話す。そこには何のてらいもない。

それでも、今から5年ぐらい前にはまだ、二枚目男役の中にも「髭をつけていい人とつけないほうがいい人がいる」という感覚があった。タカラヅカの男役スターを大まかに類型化すると、中性的な甘い雰囲気を売りにする「オスカル型」と、男らしい包容力を売りにする「レッド・バトラー型」の2つの系譜があるが、髭をつけていいのはあくまで後者であるという感覚だ。

しかし、そんな感覚も最近は大きく崩れてきた。ターニングポイントとなった髭といえば、雪組「カラマーゾフの兄弟」（2008〜9年）のラストシーンで、流刑地に向かうドミートリー（水夏希《みずなつき》）がつけた無精髭。あるいは、宙組「美しき生涯」（2011年）で、関ヶ原の戦いに敗れ囚われの身となった石田三成（大空祐飛《おおぞらゆうひ》）の髭だろうか。いずれもファンがオペラグラスで凝視してしまう「萌えポイント」であった。今や髭は男役のロマンであり勲章だ。

そんな流れの中で、今や「オスカル型」な男役でさえ、髭をつけることが通過儀礼になりつつある。花組トップスターの明日海《あすみ》りおは二番手時代、「ラスト・タイクーン」（２０１４年）の辣腕《らつわん》プロデューサー、パット・ブレーディ役で髭をつけ、さらにその前には月組「スカーレット ピンパーネル」（２０１０年）のショーヴラン役では顎にいやらしげなチョビ髭をつけた。どうも最近は、一見髭など似合わない「オスカル型」のスター候補生にあえて髭をつける役を与えて修行を積ませる傾向がある。

宝塚時代に髭をつけた素敵なおじさま役を多数演じてファンを唸らせた越乃《こしの》リュウさんに、とあるトークイベントで「髭の付け方のコツ」をうかがってみたところ、髭トークは止まらない勢いだった。その人の顔の輪郭や大きさ、鼻や口の形などによって、髭の大きさや形、つける位置などを細かく工夫するものらしい。今の日本で「カッコよく見える髭のはやし方」を一番心得ているのがタカラヅカの男役であることは間違いないと確信した。

そして、この本の執筆をしている最中に上演されたのが、花組公演「For the people ―リンカーン 自由を求めた男―」である。轟悠《とどろきゆう》のリンカーンは、立派な顎髭をたくわえた「まさにあのリンカーン」だった。この勢いで「リア王」だって「マクベス」だって、いや「レ・ミゼラブル」だってタカラヅカでできちゃうのでは？　などと妄想が膨らんでしまった。真面目な話、タカラヅカの上演ジャンルが思わぬ方向に広がる可能性さえ感じさせる。

おっと！「男役の髭のことも書いておこう」と思って書き始めたら筆が止まらなくなってしまったが、ここまで本気な男役を「お嬢さんのシロウト芸」とはもはや誰も言えまい。

「男役芸」と学校制度

こうして進化する「男役」に関して、タカラヅカと歌舞伎との間で新たな類似性が生まれてきているのも感じる。それは芸の継承の在り方に関してだ。

よく「男役10年」などと言われるが、これは男役として一人前になるためには少なくとも10年はかかるといった意味だ。だが、普通の女優さんが個人的に10年修行をしたとしても男役になれるものではない。10年の間に受ける先輩からの教えの力が大きいからだ。

歌舞伎のような家制度はタカラヅカにはないが、その代わりタカラヅカには「学校システム」

がある。宝塚歌劇団に入団するためには、まず20倍もの難関を突破して「宝塚音楽学校」に入学しなければならない。ここで2年ほど歌やダンスや芝居の基礎をみっちり勉強してから劇団に入団するわけだが、音楽学校を卒業したはずなのに何故か「生徒」と呼ばれ続ける。劇団に入ってからの年次の数え方も「研究科1年、2年……」だ。

これは創成期の経緯から今だにそうなのだが、要するに今でも宝塚歌劇団は「学校」の延長である。学校の「生徒」であるタカラジェンヌは、常に学び続けなければならない。学校だから先輩・後輩の上下関係はきっちりしているし、先輩は後輩を教え育てる義務がある。

タカラヅカ100周年の年に星組のトップスターとして活躍した柚希礼音《ゆずきれおん》は、卒業後のインタビューでこんな風に語っていた。

「下級生時代を共に過ごした仲間は本当の家族みたいに指摘しますし、上級生も『この子が恥をかかないために』注意してくれます。これまではそういう環境に恵まれてきましたから、これからは自分チェックをもっと厳しくしながらやっていきたいです」

（朝日新聞デジタル「スターファイル」2015年7月）

世知辛いこの世の中、人様の欠点をわざわざ指摘して直してあげようという親切な人には滅多に出会えるものではない。下手に注意して逆恨みされても困るし、ことに芸事の世界は自分以外は全員ライバル、わざわざ後輩の育成に手を貸してあげる余裕などないものだ。

ところが、学校であるタカラヅカには、先輩が後輩を教え、後輩は先輩から学ぶという美風がしっかり根付いている。これが「芸の継承」に大きな力を発揮している。

ことに「男役芸」は歌舞伎の女形と同様で、「型」をつくっていくことで完成していく部分が大きい。「立つ・座る・歩く」といった基本的な動作に始まり、「手は指を開き、指の節を出すようにすると男らしく見える」といったことや、リーゼントの作り方、髭をつける位置、ソフト帽をかぶる角度、銀橋を歩く時の目線の配り方、黒燕尾の衿を持つときの手の位置、椅子に座ったときの足の組み方などなどなど……。

私はCS放送タカラヅカ・スカイ・ステージの「スカイ・ステージ・トーク Dream Time」という番組が好きで、よく見ている。各組の入団5～7年目ぐらいの若手男役2人組が、毎回その組の先輩スターをゲストに迎えて色々な話を聞くという番組なのだが、じつはここでもタカラヅカならではの芸の継承システムを垣間みることができる。

先日見たのは月組の朝美絢《あさみじゅん》・蓮《れん》つかさの回で、ゲストが凪七瑠海《なぎなるうみ》だったが、この回の「女性のエスコートの仕方を学ぶ」というコーナーを見て仰天してしまった。最初に凪七が実演して見せ、解説し、その後で後輩たちがやってみるという流れだったが、そこでの解説が秀逸だった。たとえば「ダンスに誘う」ときは、

「目をつけた彼女に近づくときに『僕、ちょっとカッコいいですよ』というところをさりげなく見せる」

「曲が聞こえてきたら、周りを見渡して『みんな踊っているから恥ずかしくないでしょ』と思わせたところで『踊りませんか』と誘う」

「スカートが長いときは、よろけたりせずに立ち上がれるかをきちんと見守ってあげる」

「踊りながら『私はあなたが可愛いと思ったから話しかけたんですよ』ということを目線などで押しつけがましくなく伝える」

深く細やかな
「男役芸」

「歩き方も役柄によって変える。若くてカッコいい、チャラい系のときは、手をポケットに入れて片足に重心をかける。スーツ系のときはまっすぐにスッと立って歩く」

続いて「愛してる」と言って抱きしめるときも、

「相手も自分が好きだとわかっているときは、こちらから抱きしめつつ、相手の手も引き寄せて自分の腰に回させる」
「相手に自分の気持ちを伝えたいときは、こちらから包み込むように抱きしめる」
「そのままだと盛り上がりに欠けるので、もう一段ギュッと抱きしめる」

……と、こんな具合で、細やかなテクニックもさることながら、その言語化能力に感心してしまった。おそらく、各組の「男役10年」を超えたスタークラスは皆、このレベルの一家言をそれぞれ持っているはずだ。そしてそれを下級生に言語化して伝えているに違いない。タカラヅカという集団内には、恐ろしいほどに深く細やかな「男役芸」のノウハウが蓄積されているということだ。我々ファンがあっけなく釣られるのも当たり前だ。

もちろん、この「男役芸」を支える「娘役芸」も存在する。ともに100年の歴史の中で先輩から後輩に受け継がれてきた積み重ねのたまものだ。

その昔、タカラヅカが取るべき方向性に関して、「学校のままでいいのか？　それとも商業演劇なのか？」という議論があったという。それが今となっては「学校システム」を大事にしてきたことが、タカラヅカにしかない強みになっている。

進化する男役について熱く語りすぎてしまったが、そろそろまとめに入ろう。冒頭に書いたとおり、この扉ではつぎの4点について見てきた。

①小林一三が理想と考えた、歌舞伎に代わる「国民劇」とは？
②歌舞伎興行に携わる「松竹」の成り立ちは？
③歌舞伎とタカラヅカ作品との関わりは？
④歌舞伎の女形とタカラヅカの男役、意外な共通点とは？

じつはそれぞれが、以降の扉ともつながっている。①について、小林一三が歌舞伎に代わる

②の「松竹」は「国民劇」として実現しようとしたのが、宝塚「歌劇」だった（第2の扉へ）。②の「松竹」はやがて、レビュー時代のタカラヅカの最大のライバルとなる「松竹歌劇団」（ＳＫＤ）を創設することになる（第3の扉へ）。③との関連では、タカラヅカではこの後も「日本物」の伝統が連綿と受け継がれていくことになる（第5の扉へ）。

そして④では男役芸の継承システムについて紹介したが、こうして磨き抜かれてきた「男役」の存在価値が時代と共に変化していくさまは、今後の各扉でみていきたいと思う。

歌舞伎とタカラヅカ。その関係は一筋縄ではいかず、時代によって近づいたり遠ざかったりもしている。だが、今の私たちが思うよりははるかに浅からぬ縁で結ばれているようだ。

※1　宝塚少女歌劇誕生の同年「北浜銀行事件」が起こり、大恩人である岩下清周が失脚。世の中の汚さを目の当たりにした一三にとって、真逆の世界である宝塚少女歌劇が癒しの場となっていく。

※2　何度かの改修を重ね、最終的には定員2865人に落ち着いた。次第に良くなった日本人の体格に合わせて座席の間隔を広げたため客席数が減ることになったらしい。1993年に開場した現在の宝塚大劇場の客席数は2550席だ。

※3　演劇だけでなく、衣服、飲食、家屋、言語、宗教、会社……など、あらゆる分野に「〇〇改良運動」は存在し、一種の流行現象にもなっていた。

※4　それでも数々の名優たちの模索により、結果としてこの時期に現代の歌舞伎につながる基礎が確立した。

※5　ゲーム「遙かなる時空の中で5」に登場する福地桜智というキャラクターの元はこの人物ではないか。

※6　1932年には東京宝塚劇場の開場（1934年）に先がけて、株式会社東京宝塚劇場を設立。これが1943年に東宝映画株式会社を合併して東宝株式会社となる。

※7　振付などに歌舞伎界の人が入ることは今でもよくある。最近の例でいうと「るろうに剣心」（2016年）の相楽左之助登場の場面の殺陣に市川猿四郎が協力している。「一夢庵風流記　前田慶次」（2014年）では慶次の愛馬「松風」の前足・後足に松竹の専門の人が入っていたのが話題になった。

西暦	和暦	タカラヅカのできごと	歌舞伎のできごと	世の中のできごと
1871 1880	明治4 明治13	明治6 小林一三、1月3日に生まれる。	明治5 東京府庁が歌舞伎関係者に対し「演出の矯正と勧善懲悪」の口達を行う。 明治10 12月13日、白井松次郎・大谷竹次郎兄弟生まれる。	明治4 岩倉使節団が横浜港を出発。 明治7 自由民権運動はじまる。 明治10 西南戦争。
1881 1890	明治14 明治23	明治14 小林一三、この頃に故郷韮崎町の蓬莱座で初めて芝居を観る。 明治21 小林一三、上京して慶応義塾に入学。	明治19 「演劇改良会」が結成される。 明治21 川上音二郎の「オッペケペー節」が大流行。 明治22 歌舞伎座が開場する。	明治16 鹿鳴館が完成する。 明治22 大日本帝国憲法が発布。
1891 1900	明治24 明治33	明治26 小林一三、三井銀行に入社。	明治24 川上音二郎、「日本改良演劇」と銘打った芝居を開始。新派劇の始まり。 明治28 松竹創業。	明治27 治外法権の撤廃。日清戦争が開戦。 明治31 オーストリア皇后エリザベート、刺殺される。
1901 1910	明治34 明治43	明治40 小林一三が三井銀行を退職。箕面有馬電気軌道が設立。一三は専務取締役となる。		明治37 日露戦争が開戦。 明治43 韓国の植民地化(韓国併合)。大逆事件。
1911 1914	明治44 大正3	明治44 宝塚新温泉営業開始。 大正1 小林一三、帝劇にて歌劇「熊野《ゆや》」を観劇。 大正3 宝塚少女歌劇養成会、第一回記念公演。	明治44 3月に帝国劇場が開場。11月、歌舞伎座も新装開場。 大正2 松竹が歌舞伎座の経営を任される。	明治44 関税自主権の回復。女性のみの文学雑誌「青鞜」創刊。 大正3 第一次世界大戦はじまる。

第2の扉

タカラヅカ×歌劇

「宝塚歌劇」なのに歌が？

「タカラヅカって『宝塚歌劇団』というわりには、歌があまり上手くない人もいてびっくりしちゃった」

初めてタカラヅカを観た人から時々こんなことを言われる。たいへん残念なことだが、一度や二度ではない。そう言われるとファンとしては、

「今のタカラヅカはオペラをやっているわけじゃない！　主な上演ジャンルはミュージカルやショー、レビューなんだから！　それにタカラヅカのスターは歌だけやっていればいいわけじゃない、踊って芝居もできなきゃいけないから大変なんだから!!」

などと、思わず反論したくなるところだろう。

でも、言われてみれば確かに、そんな現状でありながらも「歌劇団」を名乗っているのは不思議なことだ。何故タカラヅカは「宝塚歌劇」なんだろう？

それは、小林一三が「歌舞伎に代わる国民劇は『歌劇』である」と考えていたからである。

しかも、一三はこうも言っているのだ。

「私はオペラとは言ひたくないのです」（『日本歌劇概論』）

「オペラ」ではなくて「歌劇」、ここが重要なポイントだ。今「オペラ」と聞いて思い浮かぶのはどんなことだろう？ 「フィガロの結婚」や「椿姫」といった作品名、世界的に有名なオペラ歌手が朗々と歌い上げるアリア、豪華な舞台装置、そして高いチケット代などなど、最高に贅沢な舞台芸術のイメージではないだろうか。一三がここで言っている「オペラ」も、そのイメージに近いものだろう。だが、どうやら大正時代ぐらいまでの「歌劇」のイメージはちょっと違っていて、もっとゆるいものだった。西洋の音楽で歌ったり踊ったりするお芝居は何でも「歌劇」だったらしい。観客にはそれで十分新鮮な驚きを持って受け止められた。

そして、この時代の舞台芸術では「西洋の音楽を使う」ということが最重要課題だった。だから「歌劇」がとても注目されたし、一三も「西洋音楽を使った歌劇」にこだわった。

そこで第2の扉では「タカラヅカ×歌劇」（オペラではなく）と題して、タカラヅカが「宝塚歌劇」であるわけを改めて探ってみたいと思う。そうすれば、先ほどの口の悪い友人の質問にも、もっと上手く答えられるようになるのかもしれない。

「洋楽」にこだわったタカラヅカ

「西洋音楽を使ったお芝居をすること」これが、宝塚少女歌劇設立当初の小林一三の熱望であった。一三は何故、これほどまでに「洋楽」にこだわったのだろう？　その理由はおおよそ次の3つに集約される。

①「洋楽の普及」に国を挙げて取り組んでいた時代背景。
②邦楽（三味線音楽）は哀しすぎた。
③邦楽（三味線音楽）は大劇場の舞台にそぐわない。

今の日本人にとって音楽といえば基本的に洋楽のことだ。三味線やら箏などを使った「邦楽」の存在は知ってはいるものの、ほとんどの日本人にとっては普段は縁遠い「伝統芸能」の域に入るものだろう。

考えてみれば、これは驚くべき事態だ。明治以降の100年の間で、日本人はそれまで自分たちの間で根付いていた音楽をほぼ捨て去り、海外から流入してきた音楽を自分たちのものにしてしまったのだから。いったいいつの間にそうなったのだろう？　私はかねてから疑問に思っていた。

調べてみると、西洋音楽の導入は明治政府の「国策」であることがわかった。維新後間もない1879年、文部省によって「音楽取調掛《とりしらべがかり》」という組織が設置される。じつはこれ、東京音楽学校（現在の東京芸術大学）の前身である。

この組織の仕事はその名のとおり「音楽」を「取り調べる」こと。つまり、近代国家日本に相応しい音楽文化を整備・発展させていくため、調査を行ったり方向性を検討したりすることだった。といっても、その目指すところは「日本の芸術文化をもっと豊かなものにしましょう」といった優雅なものではない。

それよりも火急の課題は「富国強兵」だ。明治政府には、音楽の力でもって「国民」という意識を醸成したいという意図があった。タカラヅカの舞台でも危機的な対立が起こったとき、いつしか「ラ・マルセイエーズ」の大合唱が起こって皆の心がひとつになり、大団円を迎えてしまうという展開がよくある。国民音楽の力が発揮される典型である。少し前まで薩摩藩だの長州藩だの会津藩だのに分かれていた国では「我々は日本国民である」という意識を定着させることが急務だった。そして、そのために音楽の力が有効活用できると考えられたのである。

また、歌うことで呼吸器は鍛えられるし、心も正しく豊かになるということで、「健康的」で「道徳的」な国民を育成するためにも歌の力が必要不可欠と考えられたのだった。

小学校教育にもさっそく「唱歌」が取り入れられることになる。1881年から84年にかけて、音楽取調掛は早くも「小学唱歌集」を編纂。1911〜14年には「尋常小学唱歌」が文部省によって編纂され、これが教科書として全国の小学校に採用されていく。

1914年といえば？　そう、宝塚少女歌劇が誕生した年だ。それはまさに、日本中の子どもたちが学校で、西洋音楽を使った「唱歌」を歌うようになった時期でもあったのだ。一三自身も、自分は「青年時代に寄席で義太夫のさわりと都々逸《どどいつ》を覚えたものだが、君が代は未だに音符通りに歌えない」のに、子どもたちは「義太夫節にも都々逸にもまったく興味を持たないが、唱歌は上手く歌える」と言っている（『日本歌劇概論』）。

そんな時代だったからこそ、「これからの時代は西洋音楽を使った『歌劇』だ！」という思いもまたひとしおだったのだろう。

小林一三が「洋楽」にこだわった二つめの理由、それは「それまでの日本の音楽が哀しすぎる」からだった。一三は、「閉ざされた花柳社会で発達した三味線音楽は、メロディも暗く淋しく哀しげだから、これからの国民劇には相応しくない」ということを繰り返し主張している。「悲哀の快感を生命とした色町の、多情多恨のメロディが永久に国民劇の中心をつかみ得るだろうか」などとも言っている（『日本歌劇概論』）。

確かに、邦楽のベースは「哀しいメロディ」だ。このことに関しては、じつは私も驚いた経験がある。私は子どもの頃ピアノを習っていたが、ピアノで最初に教えてもらうのは、

ド・レ・ミ・ファ・ソ・ラ・シ・ド

という「ハ長調」の音階だ。

ところが最近、邦楽に興味を持って箏を習い始めたところ、最初に教わったのが、

ラ・シ・ド・ミ・ファ・ラ

という「平調子」と呼ばれる音階だったのだ。

この二つ、実際に声に出してみるとよくわかるが、「ハ長調」が明るく楽しい感じであるの

に対し、「平調子」のほうは何となく陰鬱で物哀しい感じがする。もちろん洋楽にも「短調」という哀しい感じがする音階はあるが、別に短調の曲が多いということはないし、何といっても最初に教わるのは「長調」だ。

いっぽう箏の「平調子」は、洋楽でいうところの「短調」に近い。もちろん邦楽にも明るい音階は存在するが、基本はやはり「平調子」に代表されるもの哀しい音階で、楽曲も平調子やその変化形の音階の曲が多い。平たく言ってしまうと明るく楽しい洋楽に対し、邦楽はどことなく哀しいのである。

つまり、明治以前の日本の音楽は「哀しいメロディー」が基本だったのだ。それがいつの間に変わってしまったのか？　どうやらこの点に関しても、先の「音楽取調掛」の取り組みが関係しているようだ。

音楽取調掛は１８８４年に「音楽取調成績申報書」をまとめているが、その中身の大半が西洋音楽と日本音楽の音階システムに関する議論である。そこでは長調で教育された子どもは「勇壮活発」で「有徳健全」な人間に成長するのに対し、短調で教育されると「柔弱憂鬱」で「無力多病」な人間となってしまうと結論づけられている。

本当にそうなのだろうか？　逆に長調だけで教育されると単純で薄っぺらい人間ばかり増え

てしまう気もするが……とにかくこうした考えに基づいて編纂された「小学唱歌集」は長調の曲が圧倒的に多かった。言われてみれば確かに、小学校時代、とくに低学年の時期に音楽の時間に歌っていた曲は明るい長調の曲ばかりだった気がする。

小林一三が、西洋音楽でのお芝居にこだわった三つめの理由。それは「三味線音楽は大劇場での舞台には通用しない」と考えられたからだった。一三は、

「四五千人を包容する大劇場を考へると、日本の楽器とウスッペラな常磐津長唄だけでは無理でせう」

（『日本歌劇概論』）

などとも言っている。

このことを実感できるのが、宝塚大劇場で唯一、オーケストラではなく三味線演奏と太夫の語りが登場する「宝塚舞踊会」だ。このときばかりは大劇場がやけに広く感じられてしまう。

西洋音楽には、「和声（ハーモニー）」という概念がある。オーケストラによって大規模に演奏される「交響楽（シンフォニー）」という形式もある。したがって「邦楽よりも洋楽のほうが進んだ音楽なのだから、取り入れねば」といった認識もあった。重厚なハーモニーがあり、オーケストラで華やかに演奏される音楽のほうが、大劇場公演には似合っているだろう。

「歌劇」にオーケストラの演奏は不可欠、ということで、タカラヅカでは創立8年目の1921年には早くも専属のオーケストラを設けている。それまでも楽器演奏はあったが、生徒自身と音楽教師が舞台での演奏も担当していた。1923年にはドイツの指揮者ヨーゼフ・ラスカが宝塚音楽歌劇学校教授となる。[※1]彼は宝塚のオーケストラ独自の演奏会も企画し、その発展に寄与した。

以来、録音技術が発達した今でもタカラヅカの「生演奏」へのこだわりは強い。宝塚大劇場と東京宝塚劇場の公演は必ずオーケストラの生演奏がつくし、宝塚バウホール他の小劇場公演も生演奏のときがある。

出演者の実力やその日のコンディションに合わせた演奏ができることも生オケの良さであり、タカラヅカのように多様なメンバーを抱える劇団が安定して長期公演を続けるためにも生オケは必要不可欠な存在だ。ただ、最近はアップテンポの曲が休みなしに続くことが増えているため、演奏する側の負担も増しているらしい。

ファンにとっては当たり前すぎて実感がないが、じつはこれ、とても贅沢なことである。生オケへのこだわり、これもまたタカラヅカが「歌劇団」であることの証のひとつだと思う。

帝劇の失敗作オペラを観た一三は？

「洋楽」の普及に国を挙げて取り組んだこの時代、当然、演劇にも「洋楽」を取入れるべしという議論が沸き起こってくる。

洋行帰りの知識人たちは「ヨーロッパの街にはどこでも立派な劇場があり、『オペラ（歌劇）』が夜ごとに上演され、上流階級の人々が集っている」といった情報を次々と持ち帰ってきた。「西洋式の歌劇場で本格的オペラを上演すること」、それはつまり、貴族だけの楽しみであったオペラが広く市民に開放されることを意味しており、近代国家の条件とみなされていた。そして、日本が欧米諸国と肩を並べるためには、一刻も早くこの条件を整えなければ……そう考えられていた時代だった。

１９０３年7月23日、グルックの歌劇「オルフェウス」のほぼ全曲が東京音楽学校（今の東京芸術大学）奏楽堂で上演された。これは同校の学生などによる自主上演だったが、日本で最初のオペラ上演だといわれている。

この頃には、歌舞伎の舞台で洋楽を取り入れる試みも行われている。１９０５年には歌舞伎座で北村季晴《きたむらすえはる》作曲の「露営の夢」という創作オペラが歌舞伎役者たちによって上演された。これを発案して主役として歌ったのが市川高麗蔵《こまぞう》（後の七代目松本幸四郎）、現在の九代目松本幸四郎[※2]の祖父にあたる人だ。

そして1911年3月、日本で最初の本格的洋式劇場である帝国劇場が開場する。同年の8月にはさっそく「帝劇歌劇部」が設けられ、悲願の本格オペラ上演に向けての準備が整えられていった。

だが、ここまでの話からもわかるように、この頃の本格オペラへの熱意は主に政治家や財界人、知識人たちの「一刻も早く欧米諸国と肩を並べたい」という極めて政治的な思惑から発していた。肝心の舞台のクオリティも、観客たちの耳もいっこうに付いて来ていないのだから、うまくいくわけがない。結局、歌劇部は5年で解散してしまう。

ことに1912年に上演されたオペラ「熊野《ゆや》」の評判は酷いものだった。この作品は能の「熊野」を題材にしたものだったが、日本語も怪しい外国人がつくった楽曲の歌詞は日本語だかドイツ語だか、わけがわからない。客席の大半は歌舞伎ファンで、オペラなど観たことのない人たちばかりだから、舞台上でいったい何が起こっているのか、観客もわけがわからない。しかも悪いことに、十二単《ひとえ》で登場した主役の柴田環《しばたたまき》（後の三浦環）が、慣れない長袴の裾をさばききれず、舞台の中央で尻餅をついて客席は爆笑の渦となったらしい。

ところが、この舞台を観て、まったく別のひらめきを得た人物がいた。小林一三である。一三は、3階で観ている若い観客が素直に絶賛しているのを見逃さなかったのである。

「三階の中央部に、男女一団の学生達が見物をしておった。日本語で歌う歌の調子が突拍子もない時に、満場の見物人は大声を出して笑う。評判の悪いことおびただしい。私は冷評悪罵に集まる廊下の見物人の群をぬけて三階にゆき、男女一団の学生達の礼讃の辞と、それにあこがれている真剣の態度に対して、遠慮なくその説明と理由を聞いたのである。そして『熊野』を嘲笑する無理解の人達も、やがてその信者になるであろうと看破して帰阪したのである」

（『逸翁自叙伝』）

このときの経験が、後に温泉プール跡地の活用法を考えなければならなくなったとき、「少女歌劇をやってみよう」と発想する原点となった。だから、第一回公演の作品として、お伽歌劇「ドンブラコ」と喜歌劇「浮《うか》れ達磨《だるま》」が選ばれたのだ。

両作品とも、日本人の手によってこの時代に作曲されたものだった。お伽歌劇「ドンブラコ」の楽譜が出版されたのは、帝劇開場の翌年、1912年3月のことだ。作者の北村季晴は、歌舞伎座で上演された「露営の夢」の作曲者でもある。元居長世《もとおりながよ》の喜歌劇「浮れ達磨」も同じ年に作曲されている。つまり、宝塚少女歌劇は最新の話題作を第一回公演に採用したというわけだ。

現代の私たちは「宝塚少女歌劇が初めて上演したのは、お伽話の桃太郎を題材とした『ドンブラコ』という作品でした」と聞くと、シロウトくさい学芸会的なものを想像してしまう。実際、今見たら学芸会的なものだったに違いない。

だが、当時の世間のとらえ方はまったく違っていた。何しろ時代の最先端、西洋風のハイカラな「歌劇」を可愛い女の子たちだけでやるというのだ。しかも東京ではなく、関西の田舎の温泉場で……これはもう、話題にならないわけがない。

「浅草オペラ」とタカラヅカ

小林一三が田舎の温泉地宝塚で粛々と少女歌劇を上演し始めた頃、東京でも「歌劇」が爆発的なブームになっていた。それが「浅草オペラ」である。

といっても、これまた今の「オペラ」とはほど遠い、チープなものだった。だから敢えてオペラと区別して「浅草オペラ」と称するのだそうだ。1917~19年頃に突如として大人気となり、1922~23年頃に黄金時代を迎える。だが、1923年9月1日の関東大震災の後、あっという間に消え去ってしまった。わずか5年の間に、嵐のように通り過ぎたブームであった。

浅草オペラのルーツは1912年8月、帝劇歌劇部の教師としてイタリア人のローシーなる人物が招かれたことにさかのぼる。ちなみにローシーさん、「帝国」劇場と聞いて、国立の劇場だと勘違いして、はるばる日本まで来てしまったらしい。

だが、帝劇歌劇部は5年であえなく解散。「日本に本格的なオペラを」との夢を捨てきれないローシーは、私財を投じて赤坂に「ローヤル館」を設立し、帝劇歌劇部出身者らによって「椿姫」などの本格的オペラ上演を試みた。しかし、映画館を改装したような劇場で帝劇並みの料金を取ったため、これまた閑古鳥。ローシーは最終的に無一文となって一人寂しく帰国し、その後は行方さえわからないという。

だが、ローシーが撒いた種は、その後思わぬ形で芽吹き花開くことになる。それが「浅草オペラ」であり「タカラヅカ」にもつながっていくのだ。

当の本人はそんなことなど露知らぬままに亡くなったのだろう。このローシー氏の生涯を振

り返るたびに、運命とは何と残酷なものかと思わずにはいられない。努力は報われるとは限らず、歴史とはローシー氏のような報われぬ人生の積み重ねで成り立っているのだ。考え過ぎか。

やがてローシーが帝劇歌劇部で育てた人材は、表現の場を求めて浅草六区と呼ばれる地域に集まり、公演をするようになる。１９１７年、「女軍出征」という作品が大ヒットし、これを皮切りに浅草オペラの時代が始まった。西洋直輸入の帝劇オペラが高尚で敷居が高かったのに比べると、浅草オペラははるかにわかりやすく通俗的なものだった。入場料も、今でいうと万単位のバカ高さだった帝劇やローヤル館に比べて、浅草オペラはちょいともり蕎麦を食べるぐらいの気楽さで足を運べる値段だった。だが、肝心の舞台の内容はというと、今の感覚からすると相当お粗末なものだったようだ。たとえば「女軍出征」は「男の兵隊が不足したので女軍が出征する」という戦争風刺の喜劇だった。同じ年に大人気となった「カフェーの夜」は、「日比谷公園内のカフェに色々な人が現われてトンチンカンな騒ぎをした後に、みんなで『コロッケの唄』を大合唱しておしまい」という他愛もない展開だった。

その後「天国と地獄」といった西洋のオペレッタも上演されるようになるが、短縮、改変、替え歌などは当たり前、しかも合間にまったく関係ない歌や踊りが挟み込まれるというバラエティーショーのような構成だった。

劇場もチープで、浅草オペラが上演された「日本館」や「金竜館」はどちらも正式には劇場とは認められないただの催物場だった（劇場と認定されると上演作品の内容も厳しくチェックされるから、あえて劇場認定されない小屋で、何でもありのバラエティーショー風のものを上演したという事情もあったらしい）。出演者たちも離合集散を繰り返し、あっちで「〇〇歌劇団」が公演を始めたかと思えばあっという間に解散、人が流れて今度はこっちで「××歌劇団」が旗揚げ、といったことが繰り返された、まるでカオスのような数年間だった。

それでも当時の人たちには「おお！　これがヨーロッパか」という新鮮な驚きを与えたのだろう。帝劇仕込みのスターの歌に気軽に触れることができて、しかもそれがお財布にも優しかったのだから、画期的なことだったに違いない。『浅草オペラ物語』という本によると、最盛期には東京に住む人のうち2人に1人は浅草オペラに足を運んだという計算になるそうだから凄まじいものだ。

とりわけ「浅草オペラ」に熱狂したのは、鳥打ち帽にかすりの着物、下駄履き、あるいは学生服姿の若い男子学生で、彼らは「ペラゴロ」と呼ばれた。これは「オペラ＋ごろつき」の略だそうだが、「オペラ＋ジゴロ」の略という説もある。「タカラヅカ＋おたく」の略称である「ヅカヲタ」みたいなものだろうか?

ペラゴロ

そして、この「浅草オペラ」とも深い関わりのあった人物たちが、のちにタカラヅカの礎を築いていくことになる。

そのひとりが、1927年に日本初のレビュー「モン・パリ」を作った岸田辰彌《たつや》である。岸田はもともと帝劇歌劇部の2期生だった。ローシー・オペラの失敗とともに岸田もまた浅草オペラで活動するようになるが、それを小林一三が口説いて宝塚少女歌劇にスカウトしてきたのだ。ちなみに、この岸田辰彌の兄は、画家の岸田劉生《りゅうせい》である。

また、ちょうど浅草オペラの人気が出始めた1917年に、オペラ好きが高じて上京してきたのが白井鐵造《てつぞう》だ。「モン・パリ」に続くレビューのヒット作「パリゼット」「花詩集」を生み出し、「レビューの王様」とも言われた大御所演出家である。

静岡県の山奥に生まれた白井は、生家が貧しかったため中学を卒業した後、浜松の染物会社に就職して働いていた。ところが、オペラにすっかりハマってしまった白井少年は「自分もオペラ歌手になりたい」と思い詰め、新聞記事で知っただけのオペラ歌手に手紙をしたため、彼を頼っていきなり上京してしまった。その後、縁あって岸田辰彌に弟子入りすることになり、岸田の宝塚入りに同行した白井も宝塚少女歌劇で仕事をすることとなる。浅草オペラの時代、白井もまた浅草を闊歩した青年のひとりだったのかもしれない。

逆に、宝塚少女歌劇が浅草オペラに与えた影響もあった。浅草オペラが人気爆発した1918年は、宝塚少女歌劇が帝国劇場で初の東京公演を果たした年でもあり、浅草オペラ陣の間でも「西から来た少女歌劇」はウワサになり、何かと比較される存在となった。阪急電鉄というバックボーンを持つ宝塚少女歌劇は、資金力がなく近視眼的な興行しかできない浅草オペラ陣にとっては羨ましい存在だったようだ。

オペラにも造詣が深かったジャーナリストの青柳有美《あおやぎゆうび》が書いた「ペラゴロ双紙」(1924年)は国内外のオペラ事情を解説した本だが、宝塚少女歌劇についてかなりのページ数が割かれ、浅草オペラから生まれた「東京少女歌劇団」などに比べて「いかに宝塚のお嬢さん方が恵まれているか」も力説されている。

東の「浅草オペラ」と西の「宝塚少女歌劇」。2つはもちろん、互いに影響し合った存在だったのだ。

「歌劇」から「オペレッタ」「ミュージカル」へ

そんなわけで、創成期から少なくとも10年の間は、タカラヅカは「歌劇団」以外の何者でもなかった。上演演目を振り返ってみても、タイトルの前に添えられている形式名(今だと「ミュージカル・プレイ」とか「グランド・レビュー」といった部分のことをそう呼ばせてもらう)は、ことごとく「歌劇」あるいは「喜歌劇」「お伽歌劇」である。

だがハイカラなカタカナ表記のタイトルは少なく、和風だ。お伽話や歌舞伎を題材とした作品も多い。この時代のタカラヅカはまさに小林一三が目指すところの、歌舞伎に代わる新たな国民劇としての「歌劇」を生み出す実験場だった。

これが1920年代後半になると様相が変わってくる。本場パリ仕込みの「レビュー」がタカラヅカを席巻し始めるのだ。転機は、1927年9月1日に初演された、岸田辰彌作のレビュー「モン・パリ」、続く1930年に上演された白井鐵造のレビュー「パリゼット」であった。そして、この時期以降「レビュー」と銘打たれた作品が目につき始める。このことは次の第3の扉にて詳しくみていこう。

いっぽう、ローシーで失敗した帝国劇場では、オペラの来日公演が行われるようになる。1919年には「露国グランドオペラ」を、1923年には「カピー・イタリア歌劇団」を招《しょう》聘《へい》、それぞれ何度かの来日公演を行っている。やがて「西洋の本格オペラ」がいかなるものかを知るようになった観客は、チープな浅草オペラでは飽き足らなくなってくる。観客の耳も肥え始めたのだ。ちなみに、かつて帝劇の舞台上で転倒して爆笑された三浦環は日本を飛び出しプッチーニの「蝶々夫人」に出演、世界にその名を知られるようになっていた。

だからといってタカラヅカでも「歌劇」と銘打たれた作品が一気にすたれたわけではない。1930年代のタカラヅカには「歌劇」に加えて「オペレット」「オペレット・レビュー」と銘打った作品が登場し始める。

「オペレッタ」（今はそのように表記することが多いと思う）とはイタリア語で「小さなオペラ」の意味で、要するにオペラのお気軽バージョンといったところだ。社会風刺や身分違いの恋などを題材とした明るい作品が多く、それまでオペラのパトロンであった貴族階級ではなく、広く庶民が楽しんだ。

1858年にパリで上演された「天国と地獄」（オッフェンバック作）が、最初のオペレッタだといわれる。パリで生まれたオペレッタだが、ヨハン・シュトラウス二世の登場とともにウィーンに中心が移り、19世紀末、いわゆる世紀末の時代はウィンナ・オペレッタの黄金時代でもあった。「こうもり」（1874年初演）や「ジプシー男爵」（1885年初演）はヨハン・シュトラウス2世のオペレッタの代表作だ。

そして20世紀初頭、ヨーロッパでは第一次世界大戦が勃発し、時代は混乱を極めることになる。オペレッタにも、各国の政治・社会情勢や国際情勢を反映した作品が登場し始める。1905年に初演された「メリー・ウィドウ」はまさにそんな作品で、未亡人ハンナの遺産の行く末をめぐって右往左往するヨーロッパの小国ポンテヴェドロは、その頃独立したばかりで注目されていたモンテネグロを暗示している。

戦前のタカラヅカでは多くの作者が西欧諸国に遊学しているが、彼らが持ち帰ってきたものはレビューだけではなかった。彼らは西洋の香りのする「オペレッタ」も上演し始めるのだ。タカラヅカ初のオペレッタは、シューベルトの悲恋を描いた「ライラック・タイム」（1931年）だといわれる（高木史朗『レヴューの王様』）。この成功を機にヨーロッパの本格的オペレッタの上演が増えていく。1934年の「憂愁夫人」のようにセンセーショナルな内容と演出法で賛否両論を巻き起こした作品もあった。これらはタイトルからしてこれまでのテイストと少し違うし、その中身もヨーロッパを舞台にした甘い恋愛物が多かった。

大まかな流れでいうと、小林一三が目指した「歌舞伎に代わる国民劇」としての「歌劇」がこの時期、西洋直輸入のレビューやオペレッタに押され始める。そして、タカラヅカが「男役」を看板とする「レビュー劇団」とみなされるようになることで、かつての一三路線は旗色が悪くなっていく。

『宝塚歌劇の変容と日本近代』『日本文化モダン・ラプソディ』（いずれも渡辺裕著）によると、

このような「西洋直輸入派と和洋折衷派の対決→西洋直輸入派の勝利」という流れは、この時期の日本文化全般における潮流だったという。日本における「歌劇（オペラ）」の受容の歴史がそうであるし、西洋音楽の大波に晒された邦楽や日本舞踊の世界もそうであった。タカラヅカでもパリ仕込みのレビューが大人気となるいっぽうで和洋折衷のレビューの評判はいま一つといったこともあった（詳細は第5の扉172頁）。

たしかに、私たち日本人には欧米の文化をありがたがる傾向が強い。かたや着物も着られないし歌舞伎もあまり観たことがないのに、海外向けには着物だの歌舞伎だのが日本の伝統文化でございますとアピールしたりする。

このような、よくよく考えると何とも不思議な「日本文化のありよう」は、日本に西欧の文化がどっと流れ込んだこの時期にまさに形成されていったものであり、タカラヅカにおける路線変更も、その象徴だったというのだ。

だが、一三路線の形勢は不利にはなったものの、決して完敗したわけではなかった。それがこの後のタカラヅカの歩みであり、そのことを第3の扉以降でみていこうと思う。

さて、戦後の宝塚「歌劇」は果たしてどうなっていったのか？

終戦の翌年の1946年4月、宝塚大劇場での公演が早くも再開されるが、このときの演目は歌劇「カルメン」とレビュー「春のをどり」だった。「カルメン」でドン・ホセを演じたのは春日野八千代である。

1947年に「南の哀愁」が初演される。南の島タヒチを舞台にした、視力を失ったイギリス人画家ジョンとタヒチの娘ナイヤとの哀しい恋の物語だ。主題歌「タヒチの歌」は今でもよく歌われる。この作品も初演時の形式名は「歌劇」だった。1940年代後半は「歌劇」「オペレット」と銘打たれた演目はまだまだ多い。

これが1950年代に入ると次第に減っていく。私が確認した限りでは、「歌劇」と銘打たれている最後の大劇場作品は1966年の「紫式部」、その前は10年前にさかのぼり1957年に上演された「源氏物語」のようである。

オペレッタに関しては1966年の「春風とバイオリン」が最後で、その前は1960年のオペレット・ロマンチック「微笑の国」である。ただしこちらは、1978年に開場した宝塚バウホールで、フランスの演出家ニコラ・バタイユの脚本・演出により「ヴェロニック」(1978年・1988年にも再演)、「アナトール」(1980年)、「シブーレット[※3]」(1982年)といったオペレッタが上演され、1991年には「微笑みの国」も再演されている。

代わりにこの時期に激増するのが「ミュージカル」だ。ちなみに、先ほどの「南の哀愁」も1964年に再演されたときには「ミュージカル・ロマンス」となっている。

こうしてタカラヅカから「歌劇」や「オペレッタ」は消えていったかのように見える。だが、よくよく考えてみると、ミュージカルのルーツのひとつは「オペレッタ」だ。そして、他のレビュー劇団が戦後、レビューの衰退とともに消え去っていった中で、タカラヅカだけがミュージカル劇団へと転換し得たのは、この「オペレッタ」の土壌があったからだと思われる。

この点について演出家の高木史朗も著作の中で面白い指摘をしている。

「第一期黄金時代のころ、宝塚の出し物はレヴューというスタイルは取っていたが、実際には全てストーリーのあるオペレッタであった」

（『レヴューの王様』）

つまり、タカラヅカにおいては「歌って踊るお芝居」の呼び名が「歌劇」から「オペレッタ」へ、そして「レビュー」を経て「ミュージカル」に移行したということなのだ。

また、高木はつぎのようにも述べている。

「(戦前は)レヴューやオペレッタの中で、男性が歌い踊るというようなムードは、時代がまだ許さなかったといえる。その代用として宝塚等の男役がその穴うめをして、見事にレヴュー、オペレッタの華を咲かせ、戦後のミュージカル時代へバトンタッチさせたことは、歴史的に、明確に記しておいていいと思われる」

(『宝塚のわかる本』)

戦後のミュージカルの歴史は東宝ミュージカルや劇団四季による海外ミュージカルの直輸入からスタートしているように見え、「オペレッタ」とのつながりは感じられない。だが、タカラヅカだけが唯一「オペレッタからミュージカルへ」という、ミュージカルそのものが歩んで来た道程をなぞって来ている(第6の扉202頁)。

そう考えるとやはりタカラヅカは今も「歌劇」とつながっている「歌劇団」なのだと思う。

今、再び宝塚「歌劇」

現在、タカラヅカと「歌劇(オペラ)」との関連はと聞かれて思い浮かぶのは、「有名オペラのタカラヅカ風アレンジ」や「人気オペレッタから題材を取った作品の上演」だろう。
このうち「有名オペラのタカラヅカ風アレンジ」に力を入れているのが、演出家の木村信司氏だ。木村氏の作品のうち、オペラを題材にしたものにはつぎのようなものがある。

「愛のソナタ」２００１年月組　↑オペラ「ばらの騎士」
「鳳凰伝」２００２年宙組　↑オペラ「トゥーランドット」
「王家に捧ぐ歌」２００３年星組／２０１５年・１６年宙組　↑オペラ「アイーダ」
「炎にくちづけを」２００５年宙組　↑オペラ「イル・トロヴァトーレ」
「ドン・カルロス」２０１２年雪組　↑オペラ「ドン・カルロ」

もっとも、これらはオペラとは別物だ。各作品ともオペラの楽曲は使われていないし、観客だってトップスターにオペラのアリアを歌い上げて欲しいとは期待しないだろう。また、大所帯のタカラヅカに合わせて役を増やし、ストーリーも膨らませてある。オペラとは別のものとして楽しむべき作品だ。

注目されるのは「人気オペレッタから題材を取った作品の上演」である。２０１０年月組「ジプシー男爵」、２０１３年月組「ＴＨＥ ＭＥＲＲＹ ＷＩＤＯＷ」に続き、２０１６年には星組で「こうもり」が上演された。演出はいずれも谷正純だ。

むろん、これらも形式名は「ミュージカル」であり「オペレッタ」ではない。ストーリーもタカラヅカ流にアレンジしたり役を増やしたりしてある。たとえば、オペレッタ「こうもり」の主人公は本来、アイゼンシュタインとロザリンデの倦怠期夫婦だが、タカラヅカ版ではアイゼンシュタインの友人ファルケ博士とアイゼンシュタイン侯爵家の侍女アデーレを中心とした物語に大胆に改変がほどこされていた。

だが、木村作品が試みたオペラのタカラヅカ・バージョンとは真逆で、音楽の面では原作のオペレッタの味わいを再現しようとしている。「ＴＨＥ ＭＥＲＲＹ ＷＩＤＯＷ」のプログラムをひもとくと、演出家コメントとして「音楽は電子楽器を極力避け、初演時（１９０５年12月30日、アン・デア・ウィーン劇場）の演奏に戻しました」とある。

そして、２０１６年に上演された「こうもり」でもこの路線が引き継がれていた。ワルツ王ヨハン・シュトラウスの名曲が存分に味わえる一作に仕上がっており、歌の洪水に圧倒されてしまった。「宝塚『歌劇』ここにあり！」ということを示したこの作品は、歌える実力派トップコンビ北翔海莉《ほくしょうかいり》・妃海風《ひなみふう》率いる星組の快挙だったと思う。

さて、「歌劇団」を名乗りながらも「歌劇（オペラ）」はやらないタカラヅカ。だが、歴史をひもとくと間違いなく「歌劇」とつながっているし、今や「エリザベート」のように全編歌で綴られるミュージカルも上演できる劇団である。

ミュージカルファンの増加により観客の耳も肥えてきた。もちろんタカラヅカファンは、現在のタカラジェンヌがあまりに多くを求められていることを知っている。演技力、ダンス、歌、美貌、品格、話術（？）……etc. etc. したがって「歌唱力」は重要なスキルではあるものの、求められる力のひとつに過ぎず、トップスターといえども全員が全員、歌が得意というわけではないことも承知している。

だが、歌える人が活躍するべきところで、そうでもない人に歌わせるという、安易なスターシステムに則ったキャスティングに対する観客の目は厳しくなってきている。そんなファンの声が反映されたように思えるのが、フィナーレのエトワールの昨今の人選だ。

「エトワール」とはフランス語で「星」の意味だが、宝塚歌劇においては、フィナーレのパレードで一番最初に大階段を降りてきて主題歌を歌う人のことである。もともと歌の上手い娘役が務めることが多かったが、スタークラスに「見せ場を与える」ためにこのポジションが使われることがあり、そうして配されたエトワールがあまり歌の得意でない人だと、パレードの出ばなをくじかれて興ざめだ。

だが、ここ最近のエトワールをみてみると、各組の歌える娘役がキャスティングされる場合がほとんどで、ご都合主義的な配役は減ってきたように思える。いやむしろ、本来の形に戻ったというべきか。この際、有名なアリアを堂々と歌える歌手も出て来たら面白いのに思うのだが、どうだろう？

※1　ちなみにラスカ氏はもともと東京に行くはずだったのが、関東大震災により目的地を関西に変更せざるを得なかったらしい。
※2　「ラ・マンチャの男」の主演で知られる、あの幸四郎さんである。ミュージカルの舞台で活躍する血筋だったということだ。
※3　入団2年目の黒木瞳がタイトルロールのシブーレット役をつとめたことでも話題になった作品。

西暦	和暦	タカラヅカのできごと	歌劇のできごと	世の中のできごと
1871 1880	明治4 明治13	明治6 小林一三、1月3日に生まれる。	明治7 ウィーンでオペレッタ「こうもり」初演。 明治12 文部省によって「音楽取調掛」が設置される。	明治7 自由民権運動はじまる。 明治10 西南戦争。
1881 1890	明治14 明治23	明治21 小林一三、上京して慶応義塾に入学。	明治17 音楽取調掛、「音楽取調成績申報書」をまとめる。 明治18 ウィーンでオペレッタ「ジプシー男爵」初演。	明治16 鹿鳴館が完成する。 明治22 大日本帝国憲法が発布。
1891 1900	明治24 明治33	明治26 小林一三、三井銀行に入社。		明治27 治外法権の撤廃。／日清戦争が開戦。 明治31 オーストリア皇后エリザベート、旅先のレマン湖畔にて刺殺される。
1901 1910	明治34 明治43	明治40 小林一三が三井銀行を退職。／箕面有馬電気軌道が設立。一三は専務取締役となる。	明治36 グルックの歌劇「オルフェウス」が東京音楽学校奏楽堂で上演される。 明治38 歌舞伎座で北村季晴作曲の創作オペラ「露営の夢」上演。	明治37 日露戦争が開戦。 明治44 韓国の植民地化（韓国併合）。／大逆事件。
1911	明治44	明治44 宝塚新温泉営業開始。	明治44 文部省によって「尋常小学唱歌」が刊行される。／3月、帝国劇場開場。8月、帝劇歌劇部が創設。	明治44 関税自主権の回復。女性のみの文学雑誌「青鞜」創刊。

年	和暦	宝塚	歌劇	社会
〜1920	〜大正9	大正1 小林一三、帝劇にて歌劇「熊野（ゆや）」を観劇。 大正3 宝塚少女歌劇養成会、第一回記念公演。 大正7 帝国劇場にて初の東京公演。／雑誌「歌劇」創刊。	大正1 北村季晴のお伽歌劇「ドンブラコ」が出版。／元居長世、喜歌劇「うかれ達磨」を作曲。／2月、帝国劇場にて歌劇「熊野《ゆや》」が上演。不評に終わる。／8月、帝劇歌劇部、イタリアからダンス教師ローシーを招聘。 大正5 帝劇歌劇部が解散。／ローシー、私財を投じて赤坂にローヤル館を開館。 大正6 1月、浅草・常磐座で「女軍出征」が大ヒット。 10月、浅草日本館で「カフェーの夜」大ヒット。「コロッケの歌」が人気に。 大正7 ローシー、無一文となってアメリカに帰国。 ※浅草オペラの発展期（〜1919） 大正8 帝劇で「露国グランドオペラ」来日公演（以降4度の来日）。	大正3 第一次世界大戦はじまる。 大正6 ロシア革命おこる。 大正7 立憲政友会の原敬が首相に。初の政党内閣。 大正8 パリ講和会議でヴェルサイユ条約が調印。
1921〜1930	大正10〜昭和5	大正10 月組、花組が誕生。／専属のオーケストラが設けられる。 大正13 雪組誕生。／宝塚大劇場が開場。 大正14 小林一三『日本歌劇概論』（増補三版）刊行。 昭和2 日本初のレビュー「モン・パリ」初演。	※浅草オペラの黄金時代（〜1923） 大正12 帝劇で「カピー・イタリア歌劇団」来日公演（以降5度の来日）。／ドイツの指揮者ヨーゼフ・ラスカ、宝塚音楽歌劇学校教授に着任。	大正10 ワシントン会議。ワシントン体制による協調外交へ。 大正12 関東大震災。 大正14 普通選挙法が成立。／治安維持法が成立。 昭和2 金融恐慌。

第3の扉
タカラヅカ×レビュー

宝塚歌劇なのに「Takarazuka Revue Company」?

「突然ですが『宝塚歌劇』は英語では何と言うでしょう?」

正解は「Takarazuka Revue Company」だ。公式サイトにも「©Takarazuka Revue Company」と表記されている。

しかし、よく考えてみるとおかしくないか?「歌劇」は英語でいうと本来「opera」である。したがって「宝塚歌劇」を素直に英訳したら「Takarazuka Opera Company」のはずだ。

あるいは、今のタカラヅカで人気のある作品群からすると「Takarazuka Musical Company」のほうがしっくりくるのではないかという気もする。

もっというと、観客のほうだって何が「レビュー」なんだかよくわかっていない。「ショー」と「レビュー」の区別もはっきりしなくなってきている気がする。観客としては、とにかくキラキラした夢の世界であれば、それが「レビュー」であろうが「ショー」であろうが「バイレ・ロマンティコ」であろうがどうだっていい。

でも、これから海外に打って出ようかという時代に、日本語名と英語名が合っていないのはどうなのか? 日本の中では「宝塚歌劇団」といえば「ああ、兵庫県宝塚市にある女性ばかりの劇団ね」ということで通じるが、いざ英語表記をどうするかというとき、タカラヅカは「我々は果たして何者であるのか」という問題に直面することになる。

タカラヅカはいつごろから自分たちのことを「Takarazuka Revue Company」と称するようになったのだろう？

そんなことを考えながら、ふと雑誌「歌劇」をみると、表紙の「歌劇」というタイトルの上の部分にも背表紙にもちゃんと「TAKARAZUKA REVUE」と表記されている。

雑誌『歌劇』は宝塚少女歌劇ができてから4年後の1918年に早くも創刊された、伝統ある雑誌である。創刊時から「TAKARAZUKA REVUE」表記があったとは思えないから、これが始まった時期を確認してみたらいいのかもしれない。

そう思って調べてみたところ、驚きの事実が判明した。

雑誌『歌劇』の体裁や表紙デザインは時代を経ても基本的にはほとんど変わっていない。しかし、戦前の『歌劇』にはタイトルの付近に英語表記が入ったりはしていない。ただの『歌劇』、まさに『歌劇』であった。[※1]

戦況が厳しくなってきた1940年、『歌劇』も10月号をもっていったん自主廃刊するが、終戦後の1946年4月から復刊する。

タイトルの上の部分に英語表記が入り始めるのは、この復刊第一号からだが、何とそれは「THE TAKARAZUKA OPERA」だった。

ところが、1950年7月号から、これが突如として「THE TAKARAZUKA KAGEKI」に変わる。

さらに「レビュー」に変わるのは、1962年1月号からだ。この号から突然「TAKARAZUKA DANCE REVUE」の表記になり、翌2月号からは「DANCE」が取れて「THE」が加わり「THE TAKARAZUKA REVUE」となる。

その後この表記がしばらく続き、今と同じく「THE」のない「TAKARAZUKA REVUE」表記になるのは1977年3月号からだ。

つまり、タカラヅカ自身も時代によって自己認識を変えていっているということだ。そして、「Takarazuka

1962年1月 TAKARAZUKA DANCE REVUE
1962年2月 THE TAKARAZUKA REVUE
1977年3月 TAKARAZUKA REVUE

“歌劇”英語表記のうつり変わり

Revue Company」と称する前には、紛れもなく「宝塚歌劇（Takarazuka Opera Company）」と自己認識していた時代があったということなのだ。

だが、『歌劇』の表紙における表記の変化と、実態の変化との間にはタイムラグがあるようだ。そう考えると、これからまた変わる可能性だってゼロではないかもしれない!?

そんなわけで「第3の扉」では「宝塚歌劇」はいつどのように「Takarazuka Revue Company」となっていったのか、そもそもレビューとは何であり、タカラヅカ・レビューがこだわり続けてきたものは何なのか？ そして今後のタカラヅカが「Takarazuka Revue Company」以外のものになり得る可能性があるのかないのかについて、みていきたいと思う。

1946年4月

THE TAKARAZUKA OPERA

1950年7月

THE TAKARAZUKA KAGEKI

4000人劇場、作ってはみたけれど

1924年、4000人収容（当時）をうたった宝塚大劇場が完成した。小林一三が理想として掲げる「国民劇」を上演するのに相応しい劇場だ。

「かういふ風にやれば、大舞台でも充分に日本の芝居が見られるといふお手本を御覧に入れたいと考へてをります」（『日本歌劇概論』）

一三は息巻いていた。だが、蓋を開けてみると閑古鳥が鳴きっぱなし。「とうとう小林一三も、あんな馬鹿でかい劇場を建てて、失敗した」などと陰口をたたかれることになる。

ちなみに現在の宝塚大劇場の客席数は2550席だが、それさえ採算が取れる稼働率を保つのは至難の技だ。ましてプロジェクションマッピングはもちろんのこと、マイクロフォンさえもない時代、4000人の劇場を埋められる作品など、そうそうあるものではないだろう。

『歌劇』1926年3月号に、この時代の暗中模索を示す面白い記事を見つけた。「宝塚射的場（作者のねらひ所）」というタイトルの、見開き2ページの1コマ漫画である。射的場には「久松氏」「坪内氏」「楳茂都氏」といった当時の作者たちが銃を構えて的を狙っている姿が描かれている。中には「小林氏」まで混じっている（小林一三のことだろう）。

的《まと》には、「世界童話選集」「ロシアンバレー」「キワモノ（時事ネタのことらしい）」「時代情緒もの」「輸出むき」「歌舞伎もの」「百人一首」がある。当時の作品の題材はだいたいこのようなものだった。1926年といえばレビュー「モン・パリ」初演の1年前だから、「レビュー」の的はまだない。ご丁寧に「けいこうちおことわり」（稽古打ちお断り）の注意書きまであるのが泣ける。きっとこの漫画の如く、作者たちは「4000人の大劇場を埋められる題材は何なのか」を必死で探し求めていたのだろう。

だが、この翌年の1927年、この大劇場をあっさり埋める作品が登場する。それが日本初のレビュー「モン・パリ」だ。

作者の岸田辰彌は第2の扉で紹介したとおり、元々は帝劇歌劇部で学び、浅草オペラで活動していた人だ。年間制作費の4倍もの予算がかかる「モン・パリ」を上演するや否やで紛糾したとき、一三が「良いものならやったらよいだろう」と言って最終的にゴーサインを出したという逸話はよく知られている。

その後、白井鐵造による「パリゼット」（1930年）、「花詩集」（1933年）とレビューのヒット作が続く。1934年には東京宝塚劇場が開場し、タカラヅカは念願の東京進出を果たすわけだが、こけら落とし公演を飾ったのもレビュー「花詩集」だった。「タカラヅカ＝レビュー劇団」というイメージが定着していったのはこの頃からだ。

「モン・パリ」で初めて16段の大階段が使われ、ラインダンスが行われた。「パリゼット」では白井がパリから持ち帰った羽根扇が初めて使われた。現在、タカラヅカのシンボルのように思われている大階段や羽根、ラインダンスも皆この頃にルーツがある。

また、この時期に起こった最も大きな変化は女性ファンが増え、それに伴って男役人気が急上昇したことだった。1934年に「宝塚女子友の会」[※2]が発足したのがいい例だ。

「少女歌劇」における男役はどこまでいっても不完全な存在で、やはり本物の男優には叶わないと考えられていた。だが、ここにきて「男役」が女性たちの憧れの的としての独自の価値を持ちはじめる。

「男役を中心に、華やかな夢の世界を描く劇団」という、現在のタカラヅカのイメージが生まれたのが、このレビュー時代なのだ。

日本中がレビューに沸いた時代

こうしてタカラヅカは１９３０年代に「レビュー黄金時代」と呼ばれる時代を迎えることになる。だが、じつはこの時代、レビューは決してタカラヅカの専売特許だったわけではなかった。もともと「レビュー」の語源は「re（再び）view（見る）」だ。1年の終わりに、その年に起こった出来事を次々と見せていくヴォードヴィル形式のステージを「レビュー」と名付けたのが始まりだった。

19世紀末から20世紀初頭のヨーロッパでは「レビュー」が大流行りだった。パリの「ムーラン・ルージュ」や「フォリー・ベルジュール」などの劇場では夜な夜なレビューが上演され、ミスタンゲットやジョセフィン・ベーカーといったスターも誕生する。

同じ頃アメリカでは「レビューの王様」の異名を取る大興行師フローレンツ・ジーグフェルドが活躍した。[※3] １９１０〜３０年代には「ジーグフェルド・フォーリーズ」と呼ばれる人気レビューが年1本ペースで上演されていた。

欧米遊学した岸田辰彌や白井鐵造も本場のレビューに触れている。そして作り出したのが「モン・パリ」であり「パリゼット」だった。こうして、欧米で大流行のレビューが、「モン・パリ」

や「パリゼット」を導火線に日本中に広まっていくことになる。

まず、宝塚少女歌劇に対抗してさかんにレビューを上演するようになったのが、松竹少女歌劇団だ。すでに松竹では1922年、大阪で松竹楽劇部を創設し、タカラヅカに倣った少女歌劇の公演を開始していたが、「モン・パリ」の翌年の1928年にはその東京支部的な位置づけの「東京松竹楽劇部」を立ち上げる。それが1933年に改称して「松竹少女歌劇団」となるわけだ。いっぽう大阪にある本家本元の松竹楽劇部のほうは1934年に「大阪松竹少女歌劇団」となる。

ちょうど同じ頃、1934年には東京宝塚劇場ができあがり、タカラヅカも本格的な東京進出をし始めていた。今でこそ大阪―東京間はファンも気楽に「遠征」できる距離感だが、当時は全然違う。東京公演をするといえば海外公演と同じぐらいの騒ぎだったそうだから、「タカラヅカが東京に進出してきた!」というのは東京人にとっては黒船来航とまではいかないまでも「はるか関西から何やらハイカラなものがやってきた」というぐらいの大変な事件だった。

その向こうをはったのが松竹少女歌劇団だったというわけだ。この時期の東西レビュー合戦は相当な盛り上がりだったらしく、『松竹歌劇団50年のあゆみ』には、1932年の「ブーケ・

ダムール」（宝塚の新橋演舞場公演）と「らぶ・ぱれいど」（松竹の東京劇場公演）に関して、「築地川をへだてて新橋演舞場に対陣した宝塚少女歌劇と一戦を交えた」というものものしい記述まである。

1933年、8月に宝塚大劇場で白井鐵造の最高傑作と呼ばれる「花詩集」が初演された後、10月の東京では松竹少女歌劇団でも大作「タンゴ・ローザ」が上演される。この作品は「松竹レビューはじまって以来の傑作」と呼ばれ、松竹少女歌劇のスターであった小倉みね子による「初めて宝塚少女歌劇を越えたと評判になった」そうだ（『小島利男と私』）。

年配の方ならその名前は今でも記憶にあるに違いない、ターキーこと水の江滝子は松竹少女歌劇団の人気男役スターだった。1930年にはタカラヅカに先がけて男役として初めて髪をショートカットにして「ターキーブーム」を巻き起こす。ちなみにタカラヅカの男役が初めて断髪したのは1932年、ターキーの2年後である。

松竹だけではない。全国各地の少女歌劇団もこぞってレビューを上演するようになった。じつはこの時期、宝塚少女歌劇を模した少女歌劇が全国津々浦々に立ち上がっていた。その詳細は『少女歌劇の光芒』という本に詳しいが、北は北海道から南は鹿児島まで20を超える少女歌劇が存在したらしく、その母体も百貨店から遊園地、料亭、キャバレーなど様々だった。今でいうなら、さしずめ長崎のハウステンボス歌劇団のようなものか？　だが、これらの少女歌劇団は経営不振に陥ったり、太平洋戦争を乗り越えることができなかったりして、すべて消滅してしまった。

この時代、レビューを上演したのは「少女歌劇」だけではない。「浅草オペラ」が廃れた後の浅草で、今度は「浅草レビュー」が流行り始めたのだ。

１９２９年、浅草に日本で初めて「レヴュー専門劇場」ができ「カジノ・フォーリー」なる劇団が公演を開始する。といってもそこは、水族館２階の演芸場を改装してつくった劇場。しかもその中身は、華やかなレビューというよりもドタバタ喜劇中心だった。

だが、この「インチキ・レビュー」は川端康成の新聞小説「浅草紅団《あさくさくれないだん》」に登場したのがきっかけで、一夜にして東京の新名物となった。類似のインチキ・レビュー団が次々と立ち上がり、浅草レビュー時代が開幕する。

エログロ・ナンセンスを基調とした浅草レビューは一見、タカラヅカのレビューとは似ても似つかぬものに思える。だが、この２つの間にもやはりつながりはあった。この時代の浅草のスターといえば、これまた年配の方なら記憶にあるに違いない「エノケン・ロッパ」こと榎本健一・古川ロッパだが、2人ともにタカラヅカのファンであったそうだ。後に2人とも東宝入りして人気者となり、日本のミュージカル前史ともいえる時代を築いていく。

また、エノケン一座の座付作者だった菊谷栄《きくやさかえ》も熱烈なタカラヅカファンだったから、一座の作品には常にタカラヅカが影響していたらしい。戦後、東宝ミュージカルの礎を築き、タカラヅカにも何本もの名作を残すことになる菊田一夫（詳細は第6の扉218頁）が若き日に頭角を表したのも、この時代の浅草だ。

そんな浅草という土地柄について小林一三は「浅草は苗床であり、ハタケなんだ」（『私の生活信条』）と言っている。浅草に集まる大衆こそが世間一般の縮図。「だから、浅草ではいろいろな物を生み出し、育て上げる力がある」というのだ。浅草レビューしかり、浅草オペラ（第2の扉60頁）しかりだろう。

1931年5月には『レヴュー時代』という雑誌まで創刊されている。歌って踊って笑わせて、暗い世相を忘れさせてくれる華やかで楽しい舞台、ときにはエログロやナンセンスもあり……それらはすべて「レビュー」だった。戦争の足音が聞こえ始めるこの時代、日本中がレビュー百花繚乱《ひゃっかりょうらん》の様相を呈していたのだった。

小林一三の危機感

いっぽうのタカラヅカはというと、いくらレビュー流行りだからといってレビューばかり上演していたわけでもなかった。相変わらず「歌劇」や「喜歌劇」が多くを占めていたし、「舞踊劇」も増えていた。その中で「レビュー」もまた演目の柱のひとつになってきたという程度である。だが、世間はそうは見ないのだろう。「タカラヅカといえばレビュー」きっとそんな認識だったに違いない。

……この状況、どこかで聞いたことがないか？　そう、「ベルばらブーム」と同じだ。1974年に初演された「ベルサイユのばら」の大ヒットによって、世間では「タカラヅカといえばベルばら」というイメージが定着してしまった。中には、劇団四季が「ライオンキング」をロングランするのと同じように、宝塚歌劇というのは「ベルばら」をいつもやっている劇団だと思い込んでいる人もいたぐらいである（最近はさすがに見かけなくなったが）。

そんな実態をタカラヅカファンは忸怩《じくじ》たる思いで眺めてきた。「一度タカラヅカを観てみたいな。せっかくなら『ベルばら』がいいな」と無邪気に話す友だちのために苦労して「ベルばら」のチケットを取ってあげつつも、内心では「タカラヅカには『ベルばら』の他にも良い作品はたくさんあるんだけどなぁ」と溜め息をつく。そんな日々を重ねてきた。

同じように、レビュー黄金時代で盛り上がるタカラヅカを冷静な目で眺め続けた人がいた。

そう、小林一三その人である。


日本初のレビュー「モン・パリ」が一世を風靡《ふうび》した1927年、一三は経営不振に陥っていた東京電燈（現在の東京電力）の役員に就任し、再建に取り組み始めた。そして1933年には社長になっている。前年の1932年には株式会社東京宝塚劇場（後の東宝）も設立し、東京の興行界にも本気で打って出始めた。つまり、この頃の一三の活動の拠点は東京だったわけだから、一三自身がタカラヅカのレビュー時代を中心となって牽引したわけではなさそうだ。

それどころか一三は「歌劇」誌にて、「外国産のレビューに頼るのは如何なものか」という警告を発している。たとえば、1930年8月号には「いつ、新しい宝塚情緒は生れるか」というタイトルの一文を寄稿している。この中で、

「外国種のレビューは、今や一世を風靡しているけれど、結局我々は日本人である。日本の風俗習慣を度外視して、外国種のみを真似をして居る場合には必ず落伍する」

と述べ、さらには、

「私は東京に居って手を下し得ないことが如何にも歯痒いのである」

とも言っている。

ところが、奇しくも同じ8月に「パリゼット」が上演される。結局この作品が後のタカラヅカの歩みを決定づけてしまったわけだから、皮肉なものだ。

一三は「宝塚歌劇四十年史」のまえがきで、自身が理想とする「国民劇」がいかなるものであるかを書き残している（第1の扉13頁）が、じつはこれには続きがある。一三は次のように述べているのだ。

「そしてこの理想は四十年前、私が宝塚少女歌劇を創始し、将来の国民音楽は洋楽であるべしと信じ、従来の歌舞伎、舞踊、狂言等を洋楽化し、新作の数々を発表し、新しい演出を試み、現在に至ってレビューを中心に興行しているけれど、実は、これも一時の過程であるものと考えている」

つまり、一三はレビュー時代から晩年に至るまでずっと「今の宝塚歌劇はたまたまレビュー中心で興行しているけれど、これも一時の過程に過ぎない」と考えていたということだ。

1935年、一三は半年ほど欧米視察の旅に出た。一三はこの視察で持ち帰った所感を『芝居ざんげ』という随筆集の中の「欧米より帰りて」と題した一文（1936年4月）に書き残しているが、それは驚くほど透徹で地に足がついたものだった。そこには甘っちょろい欧米礼賛主義はみじんも感じられない。

創成期のタカラヅカは座付作者を次から次へと欧米に派遣したが、当の一三はこれが初めての海外であった。このときすでに62歳である。

だが、「今来てよかった、いい時に来た」と一三は言う。なぜなら、書物などに書かれた「理想」と、この目で見た欧米の「現実」があまりに違い過ぎていたので、もし若いうちに「現実」を目の当たりにしてしまっていたら「理想」に向けて邁進《まいしん》できなかったであろうから、というのだ。

一三はまず、欧米の芸術がまったく高尚なものではなく、エロな裸体芸術が溢れていることに気付いた。さらに「民主主義の欧米では芸術もまた大衆に親しまれている」というのもウソで、実際には芸術は金持ちのブルジョアに独占され、民衆に与えられているのは賭博や富くじといった娯楽ばかりという実態も見抜いた。

この本質を見極める目こそが、小林一三という人の非凡さなのだろう。このときの印象が、欧米では実現されていない「理想」を日本でこそ実現してみせようという、一三の原動力となっていく。そして、タカラヅカもまた、その影響を受け続けることになるのだ。

この時代を境にタカラヅカは「レビュー劇団」に一気に方向を転じたようにも見えるが、実際にはそう一筋縄ではいっていない。それを今後の扉でもみていくことにしよう。

レビュー時代のライバル「松竹歌劇団」

さて、レビュー時代の東京では、東京松竹楽劇部が大スター水の江瀧子を擁してタカラヅカを迎え撃った。当時の様子が書かれたものを読むと相当大きな存在だったようなのだが、ライバルの存在を知らない今どきのタカラヅカファンにはなかなか想像がつかない。この「東京松竹楽劇部」（のちの松竹歌劇団、略称ＳＫＤ[※4]）とはどんな劇団だったのだろう？

ＳＫＤが創立50周年記念事業として刊行した『レビューと共に半世紀　松竹歌劇団50年の歩み』（以下『50年史』と表記）という写真集をめくってみると、まず最初に出てくる団員の集合写真に驚かされる。何と全員が「赤い着物に黒袴」を身につけているのだ。

これはどうみてもタカラジェンヌの正装「緑の袴」を意識したものとしか思えない。しかも、タカラジェンヌが統一しているのは「袴」のほうで、上の着物は各人が好きな色や柄のものを選んで着ている。だが、SKDのこの写真は全員が「赤い着物」だ。

この他にもタカラヅカと似ている点がいくつもある。定期刊行物として『楽劇』(1933年以降は『少女歌劇』)という雑誌を発行していたし、愛唱歌も「すみれの花咲く頃」に対して「さくら咲く国」がある。そもそも学校(松竹少女歌劇学校)の卒業生が舞台に立つというしくみもまったく同じだ。

タカラヅカに対抗するためにも、「下町・浅草」の庶民的なイメージを払拭したいというのが松竹上層部の悲願だったようで、「上流社会へ、上流社会へ」という言葉が盛んに繰り返されていたらしい。『50年史』の記述の中にも、要所要所で「このとき宝塚では……」という記載が目につき、いかにライバル視していたかが感じ取れる。

だが、タカラヅカとは真逆だと思える特色も垣間見える。たとえば、スターシステムに対する姿勢である。

タカラヅカは「スターシステムを好まない」(『歌劇』1934年9月号の小林一三の寄稿)主義であり、「全員がスターである」という考え方を取ってきた。もっとも、どんな舞台でも主役をやって人気が出る人とそうでない人が分かれるのは必然で、タカラヅカだってこの時期すでに各組に事実上のトップスター的な存在はあった。だが、公式見解としてはトップスター制度が確立したのは「ベルサイユのばら」以降ということになっている。※5

ところが、SKDでは1931年に早くも「幹部制」が敷かれ始めるのだ。「大幹部」「幹部」「準幹部」という団員のランク付けがなされ、プログラムなどにも一覧が明記されている。「大幹部」がいわゆるトップスターである。

スター個人のファンクラブに関しても、タカラヅカでは公平性の観点から特定の生徒のファンクラブの設立は認められておらず、今でも公式のファンクラブは「宝塚友の会」のみということになっている。ところが、SKDの場合は『50年史』の中で「会員数二万人と言われる水の江会」のことが紹介され、水の江会の会報誌「タアキイ」の表紙画像も掲載されている。「学校」であり「生徒」であることに頑強にこだわり続けているタカラヅカに比べると、SKDのほうが商業主義に順応していったように思われる。

戦後のSKDはタカラヅカと差別化する方向に向かい、セクシーさを売物にする大人のレビュー劇団となっていく。『50年史』をさらにめくると、迫力のラインダンスの写真が見開きで登場し、またしてもビックリさせられる。ほとんどビキニの水着のような、露出度の高い衣装を身につけてズラリと並ぶ、100人ラインダンスチーム「ミリオン・レッグス」である。

1951年には「均整のとれた八頭身の美人で、舞台経験二年以上の生徒約四十名を選び」（『50年史』）、専門のラインダンスチーム「アトミック・ガールズ」が結成される。この頃注目を浴びていた「原子力開発」から命名されたらしい。1956年には少人数で踊りの楽しさをじっくり見せるべく、グラマーチーム「エイト・ピーチェス」も結成される。SKDはこうしたセクシーなダンスチームを「売り」にしていくことになる。

演目に関しても完全に「レビュー」中心となり、1960年代には「春のおどり」「東京踊り」「夏のおどり」「秋のおどり」という季節ごとの長期公演が定着していった。1966年「夏のおどり」のプログラムを見ると、出演者の総数は何と137名。現在のタカラヅカ

エイト・ピーチェス

の大劇場公演の出演者数は約80名だから倍近い。まさに人海戦術レビューである。客席数3600人を誇る浅草・国際劇場を本拠とするSKDレビューは、観光バスが列を連ねて観に来るような東京名物となっていった。

そんなSKDの貴重な舞台映像や楽屋風景の入った映画があるというので見てみることにした。1978年に封切られた、男はつらいよシリーズの第21作「男はつらいよ 寅次郎わが道をゆく」である。

SKDのスター・紅奈々子（木の実ナナ）が寅さんの妹・さくら（倍賞千恵子）※6の同級生であったことから、浅草の国際劇場にSKDのレビューを見に行った寅さん。お約束どおり奈々子に恋をしてしまい、レビュー通いの日々が始まるというストーリーだ。

ちょうどこの年はSKDの50周年にあたり、『50年史』の年表の中にも6月7日に「松竹映画『男はつらいよ』21作目東京踊りのロケーション行う」との記載がある。ラインダンスから日本舞踊、バレエ風のシーンからフィナーレまで様々な場面が盛り込まれ、当時活躍していたスターも登場するなど、SKDファンにとっては垂涎《すいぜん》ものの作りとなっている。

私が見てまず驚いたのは、衣装の露出度の高さだ。タカラヅカは今でも「舞音」（2015

年月組）でトップ娘役の愛希《まなき》れいかがお腹を出しただけで大騒ぎだが、ＳＫＤではそれが当たり前。ラインダンスの衣装も『50年史』の写真通りのほとんどビキニである。ダンスも、腰をくねらせるような振りが多く官能的だ。寅さんが一度観ただけでぞっこんはまってしまうのもよくわかる。

物語の中で、奈々子をはじめとしたＳＫＤ団員のことが浅草の街の人たちから「踊り子さん」と呼ばれていたのも印象的だった。やはり彼女たちはレビューのダンサーなのだ。

衣装などの色彩感覚も少し違うような気がした。タカラヅカの舞台における色使いには場面ごとの雰囲気を作り出す「ルール」が何かしらある。時には一般人には着こなし不可能と思われる補色使いの場面もあるが、それはそれでひとつの統一感があるものだ。対するＳＫＤは色の洪水。統一感というよりは多色使いできらびやかに見せている感じがした。

フィナーレに大階段を使うのはタカラヅカと同じだが、スターが羽根を背負ってはいない。だが、ギラギラした吊りものが舞台いっぱいに降りてきて、団員も皆、ギラギラした傘をくるくる回している。ある意味タカラヅカ以上の豪華絢爛さである。

ＳＫＤレビューのファンは「ＳＫＤのレビューを見たあとに宝塚を見ると、ものすごく淡泊に感じた」と感じたそうだが、それもわかる気がする。

しかし、タカラヅカに慣れ過ぎた私は、この映画を見た後すぐに、猛烈にタカラヅカの舞台映像を見たい衝動にかられ、録画したばかりの雪組ショー「ファンシー・ガイ」のプロローグを見てしまい、少年風味なトップスター早霧《さぎり》せいなと、ひたすら可愛いトップ娘役咲妃《さきひ》みゆのコンビに不思議な安堵感を覚えたのだった。

「日劇レビュー」はアンチ・タカラヅカから

ＳＫＤだけではない。小林一三率いる東宝の内部からも、タカラヅカのライバル的な存在が登場する。それが「日劇レビュー」だ。

「日劇レビュー」の生みの親である秦豊吉《はたとよきち》は、この後の第4の扉や第6の扉の登場人物でもある。その異色の経歴を少したどってみることにしよう。

もともとは三菱商事のエリートビジネスマンだった。20代の後半から30代前半にかけてドイツのベルリンに赴任し、第一次世界大戦直後の激動のベルリンを肌で感じている。後に東宝に転職し、東京宝塚劇場社長、東宝副社長、戦後は帝国劇場の社長も務めることになる。

写真に残る恰幅の良い姿から想像されるとおり、多才で先見の明もあるエネルギッシュな人物で、ビジネスマンとして実績をあげつつ、かたや丸木砂土（マルキ・ド・サドをもじった名前だ）という作家の顔も持ち、精力的な執筆活動もこなした。三菱時代に秦が翻訳を手がけたレマルクの『西部戦線異状なし』は大ベストセラーになった。

秦が「日劇レビュー」を育てた、いや、育てざるを得なかったのも、そんな秦の経歴に由来するところが大きかった。40代からまったく畑違いの興行の世界に転身した秦としては、社内で独自の存在価値をアピールする必要に迫られていた。そこで秦が取った戦略が、「アンチ・タカラヅカレビュー路線」だったのだ。

転職してきたばかりの秦は、小林一三に対して「パリ・レビューの模倣である宝塚レビューは、ヨーロッパではすでに行き詰まっている」と大胆にも提言した。一見、タカラヅカの否定にも思えるこの提言はイチかバチかの賭けだったが、秦は勝負に打って出た。組織人・秦らしい生き残り戦略でもあった。

もっとも、その根底には欧米での豊富な見聞から培われた「本物のレビューとは、もっと大人の鑑賞に耐えうるものであるべきだ」という彼なりの考えもあった。

欧米で観たもののうち秦の心を最もとらえたのは、「バラエティ」と呼ばれるジャンルだった。

秦によるとヨーロッパのバラエティには、ドイツ式の「筋を追わずに、舞踊・綱渡り・動物・アクロバット・奇術等を主として並べる式のもの」と、英国式の「漫才・道化・スケッチ・歌等を筋によって並べる式のもの」の2種類があったそうだ（『劇場二十年』）。その実現を試みたのが「日劇レビュー」であり、後の「帝劇ミュージカルス」（詳細は第6の扉205頁）だった。

また、ニューヨークのラジオシティ・ミュージックホールのショーも秦に感銘を与えている。1935年9月、新聞広告によって募集・採用された女性40名によって「日劇ダンシングチーム」が結成された。このときの「チームからひとりもスターをつくらない。チームそのものが一つのスターである」という方針は、ラジオシティ・ミュージックホールのロケットチームに倣ったものだ。秦が過酷な練習でチームを鍛え上げたため脱落者も相次ぎ、採用した40名のうち第1回公演まで残ったのは半分の21名だったという。

チームの初舞台は翌1936年1月の第1回日劇ステージショー「ジャズとダンス」だ。本書での表記は「日劇レビュー」としているが、秦は日劇で上演するものは「世間でいうレビューではなく、どこまでもショーでなくてはならない」と主張していた。これもタカラヅカ・レビューと違うものを作り出すのだという決意の表れだろう。

その信条のとおり、日本の風物生活を取り入れた「大島レビュー」（1937年）、東洋の舞踊を中心とした「東洋の印象」（１９３８年）、色々な種類のタバコをテーマにするという奇抜な趣向が話題となった「タバコ・レビュー」（１９３８年）など、日劇レビューはユニークな作品を繰り出していく。日劇ダンシングチームは女性のみだったが、男性ダンサーを活用した点もタカラヅカやＳＫＤと一線を画していた。

１９３９年には沖縄の民俗芸能を取材した「琉球レビュー」を上演している。この頃、後にタカラヅカの演出家として活躍する渡辺武雄が日劇で振付助手として働いており、「琉球レビュー」の制作にも関わっている。その渡辺は戦後、タカラヅカで「民俗舞踊シリーズ」を生み出すことになる（詳細は第５の扉179頁）。

日劇こと日本劇場は、今の有楽町マリオンのところにあった。１９３３年12月に開場した巨大劇場である。「陸の竜宮」の名のもとにオープンしたものの、ずっと閑古鳥

秦 豊吉

「タバコ・レビュー」

で何度か閉鎖の憂き目にあっていたところを東宝が経営を引き受けたのだった。日劇は秦のおかげでようやく定番作品ができたことになる。

海外の最新のヒットソングが使われ、常に斬新な試みでお客をあっと言わせる日劇レビューの客席は、情報感度の高いモダンボーイたちがたむろする場となった。

秦が愛情を注いで育て上げた日劇ダンシングチームも、厳しい練習が功を奏し、チームとして客を呼べるレベルにまで育っていった。「チームそのものが一つのスター」という秦の方針が見事に結実したというわけだ。批評家たちも、

「宝塚少女歌劇のだらしないダンシング・チームなど、この妹たちの一糸乱れず揃う群舞に恥じてよかろう」

（『舞踊新潮』1936年）

「宝塚や松竹の少女歌劇のスタッフ連は特に大きな関心を持たなければならぬと思う」

（『舞踊新潮』1937年）

などと、タカラヅカと比較しつつ高い評価と期待を寄せている。

当然、タカラヅカもこれに刺激されずにはいられない。日劇レビューが軌道に乗り始めた1937年、タカラヅカも「マンハッタン・リズム」という画期的な作品を上演している。これは、アメリカ帰りの宇津秀男の手によるもので、36人のタップダンスによるラインダンスが

話題になった。そこには日劇ダンシングチームへの対抗意識があったといわれている。

タカラヅカで「ショー」という言葉を使い始めたのも、この「マンハッタン・リズム」を作った宇津だったという。以降、タカラヅカでもヨーロッパ風の「レビュー」に対して、アメリカ風の「ショー」も上演されていくことになる。

SKDと日劇レビューその後

こうして一時期はタカラヅカのライバルとして君臨し、タカラヅカにも影響を与えたSKDと日劇のレビューだが、今、その舞台を観ることはできない。年配の方の中にはその存在を懐かしく思い出す人もいるだろうが、最近の若いタカラヅカファンは聞いたこともないだろう。

SKDレビューと日劇レビューは、その後どのような道を辿り、歴史の舞台から消えていったのだろうか?

戦後、秦豊吉の手を離れた日劇レビューからは、次第に個性的な作品は減っていき、かつて秦が否定していたはずの「世間でいうレビュー」路線に方向転換する。上演作品も「春のおどり」「夏のおどり」「秋のおどり」の「三大おどり」と、1958年に大当たりした「ウエスタン・カーニバル」に集約されていった。

だが、レビューなどもはや時代遅れという風潮の中で次第に客足は遠のき、窮余の一策として歌手の知名度を売り物にする歌謡ショーも行われるようになるが、これもだんだんとスケールダウンしていく。

じり貧の日劇の息の根を止めることになってしまったのが、1976年、ラスベガスからトップレスダンサーを招聘しての日米合同公演「ビバ！　アメリカ」と、翌77年、パリ・ムーランルージュからフレンチカンカン・ガールズを招いての日仏合同公演「ボンジュール・パリ」という、いささか時代錯誤とも思える2公演の大赤字だった。

結果、同年3月に日劇レビューの中止が宣言される。そして1981年1月末からの「サヨナラ日劇フェスティバル（ああ栄光の半世紀）」で歴史の幕を閉じることになるのだ。日劇レビュー中止宣言後の最期の4年間について、橋本与志夫氏はその著書『日劇レビュー史』の中で、「なりふり構わずというか、手当り次第というか、なんのビジョンも持たないその日ぐらし、その場しのぎの公演が続いたもので、こうなると劇場の格も何もあったものではなく、四十余年にわたってこの有楽町の一角に聳え立ってきた〝陸の竜宮〟が、急に見すぼらしく哀れに見えて来たことさえあった」

と、無念の思いを綴っている。

いっぽうの松竹歌劇団（ＳＫＤ）もまた、レビュー人気凋落の波を免れることはできなかった。１９８２年、ＳＫＤのホームグラウンドである国際劇場が閉鎖される。その後は歌舞伎座など他の劇場を借りて公演が続けられていたが、１９８９年3月19日、団員に対して松竹より「来年3月より2年間の公演中止」が通告される。「ＳＫＤレビューのファン拡大はもはや限度」との見通しのもと、2年の間に特訓を重ねて新しく生まれ変わるのが目的との説明だった。

１９９０年2月末、新宿・厚生年金会館ホールの「東京踊り」を最後にＳＫＤレビューの歴史は幕が降ろされる。その後2年間はミュージカル劇団に生まれ変わるべく歌と芝居の特訓が重ねられたが、その間にも団員は減っていった。休演後の初公演は１９９２年3月、男役が登場しないミュージカル「賢い女の愚かな選択」（池袋サンシャイン劇場）だったが、ファンの反応は微妙だったようだ。

結局１９９６年8月、最後に残った団員16名による銀座・博品館劇場での公演を最後にＳＫＤはその歴史の幕を閉じる。タカラヅカでミュージカル「エリザベート」が大ヒットし、その歴史に新たな1ページが刻まれようとしていた、まさに同じときであった。

なお本書では詳しく触れられなかったが、大阪の松竹楽劇部から成立したのが大阪松竹歌劇団（ＯＳＫ）である。

１９５７年に松竹の手を離れ、近鉄、松竹、千土地興行株式会社の出資による「株式会社大阪松竹歌劇団」となる。その後、劇団名を「ＯＳＫ日本歌劇団」と変更し、近鉄が経営に携わるようになるが、２００３年に近鉄からの支援が打ち切られ解散の危機に直面する。だが、ＯＳＫ愛好者らの熱意により公演を再開、現在は「株式会社ＯＳＫ日本歌劇団」として独立し、公演を続けている。

タカラヅカが生き残れた理由

衰退の歴史をたどる作業というのは、何ともつらく淋しいものがある。

なぜＳＫＤと日劇は歴史の舞台から退場を余儀なくされ、タカラヅカは今のところ生き残ることができているのだろう？　よく「『ベルサイユのばら』が起死回生の一手となった」などと言われるが、そう簡単な話ではない。「ベルばら」とて一朝一夕で実現するわけはなく、それまでの連綿とした蓄積があったからこその成功であるはずだ。

それだけで本1冊書けそうなテーマではあるが、私なりに思うところを簡単にまとめてみると、その理由は大きく2つ挙げられる。

ひとつは、SKDや日劇が戦後、レビューへの特化路線を取ったのに対し、タカラヅカではレビューを売り物にしつつも、同時にレビュー以外の多様な作品の上演を試み、レビューだけには依存しなかったことだ。

そこには「外国産のレビューに頼るのは如何なものか」という小林一三の警告も少なからず影響していただろうし、阪急電鉄という母体があり、当時は今のような独立採算制ではなかったから思い切った投資もしやすかったという背景もあるだろう。

まず「レビュー・ショー」というくくりでいうと、「華麗なる千拍子」（1960年）のような王道レビューの大ヒットがあるいっぽうで、かつて秦豊吉が指向したようなバラエティに富んだショー作品を作り出していく努力も続けられた。たとえば、渡辺武雄が1960〜70年代に手がけた「民俗舞踊シリーズ」がそうだし、「奇才」と呼ばれた鴨川清作のような作者も登場して「シャンゴ」（1967年）や「ノバ・ボサ・ノバ」（1971年）のような斬新な作品を生み出したりもしている。

さらに、戦後のミュージカル時代にもうまく適応してきている。第2の扉（69頁）でも触れたように、タカラヅカでは「レビュー」と同時に「オペレッタ」の上演にも力を入れてきた。そもそも、「第一次黄金時代のころ、宝塚の出し物はレヴューというスタイルはとっていたが、実際には全てストーリーのあるオペレッタであった」（高木史朗『レヴューの王様』）という話もあるぐらいで、たとえレビュー時代にあっても常に芝居の要素は重視されてきたようだ。そのことが、戦後のミュージカル時代に移行していく際の基礎となった。「ミュージカル」と称する作品の上演もかなり早い段階から試みられており、とくに戦後は「東宝ミュージカル」の育ての親でもある菊田一夫の功績も大きい（詳細は第6の扉218頁）。

先ほどSKDの歴史を振り返っていて不思議だったのは、1989年に松竹から突然の公演中止を言い渡され、ミュージカル劇団への転換をはかることになったとき、団員が「ミュージカル劇団に転換したら男役はいらなくなるのでは？」との危機感を抱いたという話だ。現に、休演解禁後の初ミュージカル「賢い女の愚かな選択」は男役が登場しない作品だった。

そう聞くと「ミュージカルこそ男役の見せ場満載なのに何故？」と不思議に思う。ことに、主役の男女が恋に落ちる場面で男役の本領は発揮されるはずなのに？　ここで女性の観客をキュンとさせ、忘れていた乙女心を蘇らせてくれる。タカラヅカが目指したのはそんな男役像であり、それが今ではタカラヅカ独自の強みとなっている。どうやら、同じ男役といいつつ、タカラヅカが甘いラブロマンスを演じる中で作り上げてきた男役の美学と、ＳＫＤがレビューの中で作り上げてきた男役の美学はまったく異なるものだったらしい。

タカラヅカが生き残ることができたもうひとつの理由、それはまさに「清く正しく美しく」というモットーにあると思う。

小林一三の教えとしてタカラヅカに受け継がれている「清く正しく美しく」は、そこから様々な意味を読み取ることができる深い言葉だが、その中に「安易に性を売物にしない、エロに走らない」という方針は確固として存在している。

一三は「われわれの目標とするところのものは、大衆の芸術であり、家庭を単位にした芸術であり、断じてエロでやるものではない」と断言していた（『芝居ざんげ』）。つまり、男性目線に媚びたセクシーさを決して売物にしなかった。逆に色気を封印することで、女性を味方につけてきた。これが今もタカラヅカを支えるファンのパワーにつながっている。

そもそも、タカラヅカが取り入れたとされるパリのレビューだって「エロ・グロ・ナンセンス」を売りとした見せ物だったのだ。その払拭は、レビュー時代の始めからタカラヅカが掲げてきた課題であった。

ラインダンスに関しても、ＳＫＤや日劇はレビューの華として競って磨きをかけ、セクシーでダイナミックな方向に進化させていったが、タカラヅカでは敢えて「入団して間もない若手の鍛錬の場」に封じ込め、初舞台生による初々しいラインダンスを名物にしていった。これも、今となっては賢明な選択だったと思う。

そんなことを考えながらタカラヅカのショーの映像を見ると、ものの見事に「生々しい色気」というものがかき消されていることに改めて驚かされる。ダンスの振付も直線的だし、娘役のダルマ姿（レオタードのように手足が露出する衣装）も女性が見て不快ではない、むしろ女性目線で「きれい！　ウラヤマシイ！」と感じさせる。そもそもみんな体型が華奢だ。

１００年の積み重ねの中でタカラヅカは、女性から見て心地良い完璧な「夢の世界」を作り上げることに成功した。確かにこれでは男性は「そそられない」だろうし、男性ファンが増えないのも致し方ないかと思ってしまう。だが、逆に私がＳＫＤレビューの映像を見た後にわざわざタカラヅカの映像を見てホッとしたのも、それゆえに違いない。

時代の追い風もあった。日劇の観客減を取り上げたある週刊誌が「テレビでもふんだんにお色気シーンが見られる今日、もはや劇場へわざわざ足を運んで〝女の脚〟見る時代ではなくなったらしい」と書いたそうだが、まさにそのとおりだ。

加えて現代では、「性的なもの」への関心が低い若い世代も増え、世の中全体があっさりと中性的なものを好むようになってきている。今のタカラヅカはそんな時代の空気に見事に適応しているのだ。


だが、それはエロを全否定した無難で幼い方向を目指すという簡単な話でもない。

この原稿を書いている今、月組全国ツアー「激情 ―ホセとカルメン―」が幕を開けたばかりだが、この作品の最大の見どころのひとつは、ホセとカルメンの官能的なダンスシーンだ。そこで描かれるのは一夜を共にした二人が情熱的に愛し合うさまである。タカラヅカに色っぽい場面が皆無かといえば全然そうではなく、むしろファンはそういう場面が好きだ。

レビュー黄金時代の1934年、一三は『歌劇』9月号に寄稿した一文の中で、「宝塚歌劇においてエロはどうあるべきか」に言及している。これが非常に興味深いので、少々長いけれど引用しておこう。

「宝塚はエロ味がないというのを売物にしているのみならず、寧ろ自慢にしている。私は、エロ味の講釈を宝塚から承る程幼稚ではない事を申上げる。

元来、学校組織であるからエロはイケない、生徒達の公演であるからエロは禁物だと、ややもすれば簡単に片付けているけれど、若い男と女と、熱情に富むシインを商売にしている恋愛の舞台に、エロが絶無であるということがそもそも不自然である。恋愛にエロがイケないと言うことが既に不自然である以上は、其不自然を大方針なりと強調するところに無理があると思う。

私は主張する。恋愛必ずエロならず。十七八の娘には十七八の艶麗なる自然こそ尊いのでその自然が産む芸術には恋愛もあり、熱情もあるに何の不思議があらむ、其表現をエロなりとせばエロ何ぞ憂うに足らんやと言い度いのである。私は恋愛の自然を好む。敢えてエロを好むと言わざる也」

この一文、現代のファンの共感も得られるのではないだろうか。「私は恋愛の自然を好む。敢えてエロを好むと言わざる也」、ホセとカルメンの名ダンスシーンも、一三のこの考え方の延長線上にあるものではないかと思う。

転機を迎えるショー・レビュー

現在のタカラヅカは「Takarazuka Revue Company」と称してはいるものの、実際にはレビューばかり上演しているわけではない。

宝塚大劇場および東京宝塚劇場での公演は、幕間休憩を挟んでの二本立てが基本だ。これは戦後からずっとそうで、たいていは前半にストーリーのあるミュージカルが、後半に歌と踊り中心の「ショー」が上演される。そして「レビュー」は「ショー」の一種である、というのが今の観客の認識だろう。「ショー」にも様々なタイプがあるが、そのひとつとして羽根を多用した、ゴージャスでちょっぴりレトロな「レビュー」が上演されることがある、という理解だ。

そもそも「レビュー」と「ショー」は何が違うのだろう？　１９３７年にアメリカ仕込みの「マンハッタン・リズム」が上演されてからは、この問題はさかんに議論されたらしく、「ヨーロッパ的なエスプリとエレガンスを基調としたもの」がレビュー、「現代的でスピーディな構成・演出を特徴としたもの」がショーだと考えられてきた（『宝塚歌劇検定公式基礎ガイド』より）。しかし今では、お芝居に対する「ショー」というときは、その中に「レビュー」も含まれた意味で使われることが多い。

では果たして、今のタカラヅカではどのくらい「レビュー」と銘打ったものが上演されているのだろう？　試しに、ここ10年間でタイトルの前につける形式名が「レビュー」となっている大劇場作品を振り返ってみると、年間2本のペースで着実に「レビュー」は上演されてきていることがわかった。

また、グランド・レビュー「Étoile de TAKARAZUKA」(２０１３年星組)、レヴューロマン「宝塚幻想曲《ファンタジア》」（２０１５年花組）と、台湾公演に持っていったのは2本とも「レビュー」である。やはりタカラヅカは「レビュー」を看板演目のひとつとして大事にしていることが読み取れる。だが、観る側としては、こうして改めて振り返ってみて初めて、「へぇ～、あの作品も『レビュー』だったのか」と驚いてしまう。「ショー」と称される作品といったい何がどう違うのか、正直よくわからない感じである。

じつは今、タカラヅカのショーやレビューは転機を迎えつつあるのではないだろうか？　そのことを痛切に感じさせるのが、ショーのタイトルの前につける形式名だ。最近、この部分が混沌としている。たとえば、ここ2年間を振り返ってみても、以下のような具合なのだ。

【2016年】
シャイニング・ショー「Forever LOVE!!」月組
ショー・スペクタキュラー「THE ENTERTAINER!」星組
ダイナミック・ショー「HOT EYES!!」宙組

【2015年】
グランドカーニバル「GOLDEN JAZZ」月組
バイレ・ロマンティコ「La Esmeralda」雪組
ダイナミック・ドリーム「Dear DIAMOND!!」星組
ファンタスティック・ショー「ファンシー・ガイ!」雪組

何と、同じものが一つとしてない。ショーといってもシャイニングだったりダイナミックだったりファンタスティックだったりするし、「ショー」ではなくカーニバルやドリームになってしまっているものもある。「バイレ・ロマンティコ」に至っては「何だそれは?」という感じである(ちなみにスペイン語で「ロマンティックなダンス」という意味だ)。

さらに、もう5年ずつ遡って2010年と2005年の大劇場ショー作品をみてみると、

【2010年】
スパークリング・ショー「EXCITER!!」花組
ショー「ロック・オン!」雪組
グランド・ショー「ファンキー・サンシャイン」宙組
ショー・グランデ「Carnevale 睡夢」雪組
グラン・ファンタジー「BOLERO」星組

【2005年】
ショー「ネオ・ヴォヤージュ」宙組
ショー「ソウル・オブ・シバ!!」星組

となる。かつてはシンプルに「ショー」や「グランド・ショー」であったものが、次第にあの手この手で工夫されるようになってきているのがわかる。とくに藤井大介・齋藤吉正・稲葉大地といった若手演出家ほど、先例にとらわれないユニークな形式名をつけることが多い。「ダイナミック・ドリーム」(藤井)しかり、「バイレ・ロマンティコ」(齋藤)、「グランドカーニバル」(稲葉)しかりである。これらは、何とか新機軸を打ち出そうとする苦肉の策ではないか?

優れたショー作品の条件は二つあると思う。ひとつは出演者の持ち味を活かせていること。

そして、もうひとつの条件は、お客さまをあっと言わせる新しさがあることだ。

ひとつめの条件は今、かなり満たされてきている。ファンの要望を吸い上げて細かく配慮された、かゆいところに手が届いた作品が増えている。だが、二つ目の条件を満たす作品作りは、逆に今は難しくなってきている。ファンの間でも「最近のショーは似たような作品が多くて区別がつかない」といった声を耳にするようになった。

かつて「レビュー」が一世を風靡したのも、日本中の人を「あっ！」と言わせたからだった。海外旅行など庶民には縁のない時代には、レビューの「世界の国めぐり」というコンセプトだけで観客を驚かせることができた。だが、家族旅行でも海外に行くことが普通になってしまっては、それは無理だ。未知の世界がどんどん減って来ている今の時代というのは、「驚く」チャンスの減った淋しい時代なのかもしれない。

とはいえ、若手の演出家が形式名に工夫をこらす現状には、まだ希望がある。このあがきをやめて、「タカラヅカかくあるべし」のパターンを踏襲するようになってしまったら、とたんに「今を生きる芸能」としての生命は絶たれてしまうだろう。客席にいる者としては、タカラヅカのショーやレビューが、悪い意味での「伝統芸能化」しないことを願うばかりだ。

※1　1938年に実施した初の海外公演「独伊芸術使節」では、少女歌劇の直訳「Takarazuka girl's opera」が現地ではまったく理解されず苦労したらしい。結局「Takarazuka kabuki ballet」と称することにしたようだ。

※2　現在の「宝塚友の会」のことだが、発足当時は「女子友の会」だった。

※3　2012年宙組「華やかなりし日々」にも登場し、悠未ひろが演じた人物だ。

※4　東京松竹楽劇部は1933年に「松竹少女歌劇団（SSK）」、1945年に「松竹歌劇団（SKD）」と改称するわけだが、ややこしいのでここでは「松竹歌劇団（SKD）」として話を進めることにする。

※5　この姿勢はあながちタテマエともいえない。たとえば、端役の若手もトップスターも同列で、自分の役についてアツく語る光景を「タカラヅカ・スカイ・ステージ」でよく見かけるが、そういったところに受け継がれているように感じる。

※6　さくら役の倍賞千恵子も、もともとはSKDの出身だ。

西暦	和暦	タカラヅカのできごと	レビューのできごと	世の中のできごと
1927 1930	昭和2 昭和5	昭和2 日本初のレビュー「モン・パリ」上演。 昭和3 専科制度の発足。 昭和5 大レビュー「パリゼット」上演。	昭和3 東京松竹楽劇部が発足。 昭和4 浅草にレビュー専門劇場ができる。 昭和5 東京松竹楽劇部の水の江瀧子が初めて断髪して登場、「ターキーブーム」へ。	昭和2 金融恐慌。 昭和4 世界恐慌はじまる。
1931 1940	昭和6 昭和15	昭和8 星組誕生。レビュー「花詩集」上演。 昭和9 東京宝塚劇場が開場。／「宝塚女子友の会」発足。 昭和11 「宝塚グラフ」創刊 昭和13 初の海外公演「独伊芸術使節」。	昭和6 雑誌「レヴュー時代」が創刊。 昭和7 東京松竹楽劇部が「らぶ・ぱれいど」上演。／宝塚少女歌劇の「ブーケ・ダムール」と対陣。 昭和8 秦豊吉、三菱商事を退社し、東宝へ。／東京楽劇部が「松竹少女歌劇団」と改称される。グランド・レビュー「タンゴ・ローザ」上演。 昭和9 大阪松竹楽劇部、「大阪松竹少女歌劇団」と改称。 昭和10 小林一三、初の欧米視察の旅に出る。 昭和11 第1回日劇ステージショー「ジャズとダンス」開幕。 昭和12 SKDの本拠地として浅草国際劇場が開場。／タカラヅカでショー「マンハッタン・リズム」上演。 昭和14 日劇で「琉球レビュー」上演。	昭和6 満州事変はじまる。 昭和7 五・一五事件。 昭和8 国際連盟からの脱退。 昭和11 二・二六事件。 昭和12 盧溝橋事件発生。日中戦争へ。 昭和13 国家総動員法が制定。 昭和14 第二次世界大戦がはじまる。 昭和15 大政翼賛会の結成。／日独伊三国同盟が締結。
1941	昭和16	昭和19 宝塚大劇場、東京宝塚劇場が閉鎖。 昭和20 「宝塚歌劇男子部」発足、第一期生入団。		昭和16 12月8日、真珠湾攻撃。太平洋戦争はじまる。 昭和19 本土空襲の激化。 昭和20 沖縄戦。広島・長崎に原子爆弾が投下。／太平洋戦争の終結。

1950	昭和25	昭和21 宝塚大劇場公演再開。		昭和21 日本国憲法が公布。 昭和25 朝鮮戦争はじまる。
1951 1960	昭和26 昭和35	昭和26 グランド・レビュー「虞美人」が初演。 昭和29 第一回「宝塚義太夫歌舞伎研究会」開催。 昭和30 米軍に接収されていた東京宝塚劇場（アーニーパイル劇場）が東宝に返還される。 昭和33 日本郷土芸能研究会が発足。／民俗舞踊シリーズ第一集「鯨」上演。 昭和35 「華麗なる千拍子」芸術祭賞に。	昭和26 ＳＫＤにラインダンスチーム「アトミック・ガールズ」が誕生する。 昭和31 ＳＫＤに「エイト・ピーチェス」が誕生する。 昭和32 大阪松竹歌劇団、松竹の手を離れて独立。	昭和26 サンフランシスコ平和条約が調印。／同日に、日米安全保障条約も調印される。 昭和31 流行語「もはや戦後ではない」
1961 1970	昭和36 昭和45	昭和42 初の海外ミュージカル「オクラホマ！」上演。		昭和39 東京オリンピック。 昭和40 アメリカが北ベトナム爆撃開始（ベトナム戦争） 昭和43 東大安田講堂事件。 昭和44 アポロ11号が月面着陸。 昭和45 大阪万国博覧会が開催。
1971 1980	昭和46 昭和55	昭和49 「ベルサイユのばら」空前の大ヒット。 昭和52 「風と共に去りぬ」上演。 昭和53 宝塚バウホール開場。	昭和51 日劇が「ビバ！アメリカ」を上演。 昭和52 日劇が「ボンジュール・パリ」を上演。／日劇レビュー中止の宣言。	昭和47 浅間山荘事件。 昭和48 第４次中東戦争。石油ショック起こる。／ベトナム戦争終結。 昭和50 新幹線が岡山から博多まで開通。 昭和54 イラン・イラク戦争。
1981	昭和56		昭和56 「サヨナラ日劇フェスティバル」で日劇レビューの終焉。 昭和57 ＳＫＤの本拠地であった国際劇場が閉鎖に。	昭和60 男女雇用機会均等法の成立。

1990	平成2		平成2 新宿・厚生年金会館ホールでの「東京踊り」を最後にSKDレビューが幕を閉じる。	平成2 東西ドイツ統一。／バブル崩壊。
1991	平成3	平成4 旧・宝塚大劇場が68年の歴史に幕。 平成5 新・宝塚大劇場オープン。		平成3 ソビエト連邦の消滅。 平成7 阪神淡路大震災。
1996	平成8	平成8 「エリザベート」雪組で初演。	平成8 SKDメンバー16人が博品館劇場で最終公演。	

第4の扉 タカラヅカ×バレエ

バレエと「タカラヅカ・ダンス」

タカラヅカでは創設時から「洋楽」が基本とされてきたけれど、踊りのほうは不思議なことに洋舞と日舞が混在している。宝塚歌劇団はメンバー全員にバレエと日本舞踊の両方の心得があるという、世にも珍しい劇団だ。

なぜこのようなことになったのだろう？　ここで少し踊りのほうに目を転じ、第4、第5の扉ではそれぞれタカラヅカと「バレエ」「日本舞踊」の関係について見ていくことにしよう。

というわけで、まずは「タカラヅカ×バレエ」から。

タカラヅカに入りたいと思った少女が必ずやらなければならないこと、それはバレエである。宝塚音楽学校の入学試験では、第2次試験で「舞踊」の審査がある。どれほどスター性に恵まれた逸材であっても、バレエをまったく知らないままに宝塚音楽学校に合格するのは難しいと思う。

それではタカラヅカの舞台でバレエそのままの踊りが披露されているかというと、そうでもない。「白鳥の湖」の黒鳥さながらの32回転をするわけではないのだ。

逆に、バレエに習熟した人がタカラヅカに入りスター路線を歩むとき、いかにバレエっぽい踊り方から脱するかで苦労することもある。星組のトップスターとしてタカラヅカ100周年を盛り上げた柚希礼音《ゆずきれおん》は、もともとバレリーナを本気で目指していたぐらいで、タカラヅカ史上指折りの「踊れるトップスター」だった。その柚希も、下級生時代は逆にそれで苦労したらしい。柚希のバウホール単独初主演作は2007年の「Hallelujah GO! GO!」だが、この作品では柚希にあえてバレエ的要素を封印したディスコダンスに挑戦させている。

つまり、タカラヅカのダンスはバレエを基礎としているが、バレエではない。ある部分でバレエと真逆なことも行っている、「タカラヅカ・ダンス」としかいいようのないユニークな存在だ。これはバレエ専門誌などを手がけており、宝塚歌劇の愛好者でもある阿部さや子さんの説である。阿部さんいわく

タカラヅカ・ダンスの典型的な特徴は「正面を見せる」「広げる」「キメる」そして「つま先を伸ばさない」ことだという。

「正面を見せる」「広げる」はとくに男役の踊りにみられる特徴だ。バレエのポーズはクロワゼ（「交差する」の意味）、つまり体をひねって正面を見せないのが基本だが、タカラヅカのダンスでは堂々と正面を向き、体を広げて見せることが多い。これは、より大きくダイナミックに見せ、男らしさを表現する必要があるからだろう。

「キメる」は言われてみれば確かにそのとおりで、音楽に乗って流れるように踊るバレエと違い、タカラヅカ・ダンスは要所要所でいちいち決めポーズが多い。拙著『なぜ宝塚歌劇の男役はカッコイイのか』の表紙には、今やタカラヅカ名物となった男役黒燕尾ダンスの代表的な決めポーズを牧彩子さんに描いてもらってズラリと並べてみたが、そもそもこんなことができてしまうのも、タカラヅカ・ダンスが「キメる」踊りであるおかげだ。

「つま先を伸ばさない」のも、バレエ的に伸ばしてしまうと、ステップや表現が女性的になってしまうからだろう。ちなみに手も、とくに男役の場合はバレエと違って指を広げ、大きく見せることが多い。

それでも「あくまでバレエが基本」という部分は揺らがない。宝塚音楽学校の受験科目にもバレエがあり、音楽学校の授業でもバレエの修練を積んでいるタカラジェンヌは、一定レベルのバレエの素養を持った集団だ。

最近はタカラヅカのダンスにもストリートダンス的な振付が増えてきたが、タカラジェンヌが踊ると、どうしても品良く美しくまとまってしまうのが悩みのタネだという。これもひとえにバレエの素養のたまものである。

だが、タカラヅカの歴史を紐解いてみると、驚いたことに、かつて純粋に「バレエ」と銘打った演目を上演していた時代があったらしい。どうやら昔のタカラヅカは「歌劇」や「レビュー」に加えて「バレエも観られる場所」だったようだ。

それがいつの間にそうではなくなり、ミュージカルのダンスシーンやショー・レビューの中で「タカラヅカ・ダンス」を踊る集団となっていったのだろう？　第4の扉では、その経緯を追ってみることにしたいと思う。

バレエ激動の時代にタカラヅカは生まれた

タカラヅカといえば「ベルばら」というのと似たような感覚で、世間の人にとってバレエといえば「白鳥の湖」のイメージだろう。だが、当然のことながら「白鳥の湖」も突然生まれたわけではなく、バレエの世界にも歴史があり変遷がある。

バレエが世界中に広まっていった激動期は、まさにタカラヅカの創設期と重なっていた。そこでまず、バレエの歴史をタカラヅカとも重ね合わせながら振り返ってみることにしよう。

もともと「バレエ」という舞踊は、王侯貴族が立ち居振る舞いを優雅に見せるために動作を工夫し始めたところから始まったという。これが舞踊として確立したのは17世紀のフランス、「太陽王」[※1]ことルイ14世の時代だ。バレエ好きの王様に気に入られるため、この時代の貴族たちはこぞってバレエを踊った。そして様々な技術が洗練され、体系化されていった。

ルイ14世が太り過ぎで踊らなくなってからは、貴族たちも踊らなくなり、やがてプロのダンサーが出現する。こうしてバレエは観て楽しむものとして発達し始めた。18世紀には女性のダンサーが活躍するようになり、19世紀初めにはトウシューズを履いて踊るようになった。

彼女たちには男性のパトロンがついた。こうなると風紀も乱れるのが人の世の常、劇場は男女の逢引の場と化し、19世紀の後半にはフランスのバレエは衰退してしまった。行き場を失った男性ダンサーたちは海外を目指し、そんな彼らを受け入れたのが、フランスに憧れる国、帝政ロシアであった。

こうして19世紀後半のロシアで、クラシックバレエと呼ばれる様式が確立する。「白鳥の湖」をはじめとした、いわゆる「チャイコフスキー三大バレエ」と呼ばれるクラシックバレエの名作が誕生したのもこの時代だ。「白鳥の湖」の初演が1877年、「眠れる森の美女」が1890年、「くるみ割り人形」が1892年。じつはこれ、宝塚少女歌劇誕生の頃からたったの20～30年前の話である。

20世紀に入ると、バレエの舞台は革命で揺れるロシアから再びフランスに戻る。そのきっかけをつくったのが、セルゲイ・ディアギレフ率いる「バレエ・

リュス（ロシアバレエ団）」だった。１９０９年、バレエ・リュスはパリで公演して一大センセーションを巻き起こす。このバレエ団の看板スターだったのがヴァーツラフ・ニジンスキー[※2]である。

こうしてバレエの舞台はロシアからフランスへ、さらに世界各地へと広がっていくことになる。当然日本にもこの潮流が押し寄せた。

１９１２年、第２の扉でも紹介したローシーが帝劇歌劇部に着任し、クラシックバレエを指導した。１９１５年には、ローシー振付による「夢幻的バレー」という作品が帝劇で上演され、高木徳子《とくこ》が日本で初めて踊ったトウシューズでのダンスが評判になった。

つまり、宝塚少女歌劇が産声を上げた頃は、バレエが日本に入ってきたタイミングでもある。１９２２年には世界的なバレエダンサー、アンナ・パブロワが来日し、各地で公演を行って日本中の話題になった。

大正期の『歌劇』にはダンスに関する記事が多く、この時期「タカラヅカのダンスはどうあるべきか」が大きな関心事だったことがうかがえる。その中には「ニジンスキイの舞踊と山村舞を憶ふ」（１９２１年）、「情熱の踊り手アンナ・パヴロア」（１９２２年）といった記事もある。ニジンスキーやアンナ・パブロワの活躍はタカラヅカ周辺でもホットな話題だったのだ。

タカラヅカで「バレエ」上演？

1914年の宝塚少女歌劇第1回公演は歌劇「ドンブラコ」喜歌劇「浮れ達磨」ダンス「胡蝶」の三本立てだ。このうちダンス「胡蝶」はどのようなものだったのだろう？

『歌劇』1931年2月号に、宝塚少女歌劇創成期のダンスを振り返った「宝塚ダンスの横顔」という記事がある。それによると、初のダンス公演「胡蝶」は「今日小学校で行はれる学芸会のダンスよりは、更に所謂モッサリしたもの」だった。それが1931年当時には「全く隔世の感がある」（同記事）ところまで進歩したらしい。

1919年に撮影されたダンスの稽古風景の写真では、白タイツにトウシューズらしきものを履いた女の子たちがズラリと並んでポーズしている。モッサリした学芸会の5年後には、ちゃんとバレエのレッスンが始まっていたのだろう。

タカラヅカでバレエを本格的に教え始めたのは、帝劇歌劇部時代にローシーからバレエを習っていた岸田辰彌だった。岸田といえば「モン・パリ」（1927年）だが、その前に作った「毒の花園」（1920年）という作品にはトウシューズをはいて踊る場面が取り入れられ、観客を大喜びさせた。

バレエが入ってきたばかりの日本では「トウシューズを履いて、つま先で立って踊ること」は大きな驚きであったらしく「トゥ・ダンス」と呼ばれて珍重された。おそらく、ちょっとした曲芸のように思われていたのだろう。

1923年には、クラシックバレエの本場ロシアからルイジンスキーが、1925年にはエレナ・オソフスカヤがバレエ教師として招かれている。そして、何とタカラヅカでも「バレエ」と称する演目が上演されるようになる。

タカラヅカで最初に「バレー（当時はそう表記した）」と銘打たれた作品は、1923年、ルイジンスキー作の「コスモポリタン」だ。その後、1920年代後半から30年代前半にかけては、楳《うめ》茂《も》都《と》陸平《りくへい》や岩村和雄といった作家の手で、多いときには年に数本のペースで「バレー」が上演されている。「トウシューズをはいて踊るダンス」はこの頃のタカラヅカの名物となった。

バレエを取り入れることに熱心だったのはタカラヅカだけではない。それ以上に熱心だったのが、第3の扉でも紹介した日劇の秦豊吉だった。外国通の秦には「いずれは海外の劇場でも通用する日本独自のバレエ作品を作りたい」という野望があったのだ。秦はロシアのオリガ・サファイアを日劇の教師として招き、1937年に「ロシアン・バレエの試み」という公演を行っている。

オリガ・サファイアは1936年に来日、以後は日本に居を移してバレエダンサーの育成に力を尽くした。日本にバレエを根付かせるのに大きな功績のあった人だ。彼女が日本に来るきっかけをつくったのも、じつは小林一三だった。一三は1936年にロシアを視察したときオリガと会い、日劇でロシアのクラシックバレエを教えて欲しいと依頼している。一三のアンテナはバレエにも張り巡らされていた。

だが、オリガ・サファイヤは「日本に来て間もなく、宝塚の人たちのバレエというものを見てガッカリさせられました」と述懐している（『バレエ読本』）。彼女に言わせれば、タカラヅカに限らず、この頃バレエ公演と銘打たれたものは「徒らに幻想的な、何の事か訳の分からないポーズばかりが多くて、踊りらしい踊りは殆どない」ものばかりだった（同書）。

何しろ、当時の日本人が見たことがある「本物の」バレリーナといえばアンナ・パブロワただ一人、今のようにちゃんとしたバレエ団も存在せず、海外のバレエ団の来日公演もない時代である。バレエはまだまだ「西洋からやってきた珍しい踊り」の域を出ず、「日本人にバレエは可能か？」という議論さえあったという。その中で、タカラヅカや日劇は「バレエっぽいものを垣間見せてくれる劇団」として貴重な存在だったのだ。

戦時色の強まったタカラヅカでは１９４０年のロマンチック・バレー「春のワルツ」を最後にバレエの上演はみられなくなるが、戦後、１９５０年代には復活する。

ただ、戦前に比べると本数はずっと少なくて、１９５０年代に４本、６０年代に３本、そして、１９６８年のミュージカル・バレエ「ピラールの花祭り」を最後に、「バレエ」と銘打たれた作品は見かけなくなる。１９７２年新春号の『歌劇』では「バレエも本公演でやっていきたい」と理事長が言っているが、実現はしなかったようだ。

いっぽう外に目を向けてみると、１９４６年には帝国劇場で日本初の「白鳥の湖」全幕上演が行われる。[※3]これを機に日本でも数多くのバレエ団が立ち上がり、成長していくことになる。「日本のディアギレフ」との異名を取った佐々木忠次《ただつぐ》[※4]らの尽力により、海外の一流バレエダンサーを見られる機会も増えた。こうした中で観客の目も肥え、もはやタカラヅカや日劇でわざわざバレエを見る必要もなくなっていったのだろう。

この展開、どこかで聞いたことがあるような？……そう、第２の扉の「歌劇」と同じだ。歌劇もバレエも、海外から入ってきたばかりのころは、それ自体の上演がタカラヅカで試みられた。ところが、専門の人材やカンパニーが育ち、より完成度の高い公演が可能になると、もはやタカラヅカでは飽き足らなくなるという展開である。

女性ばかりという制約はあるものの、人材と環境がそろったタカラヅカは、欧米から入って来たものを取入れる試行錯誤のための格好の場所でもあったのだ。

「男役」を魅せるダンスへ

もちろんレビューでも、そして後年盛んになるミュージカルでも「ダンス」は不可欠な要素であり、そこで求められるのはバレエの素養だ。したがって、たとえバレエ作品を上演しなくとも「バレエ」がタカラジェンヌにとって必須であることには変わりなかった。

バレエも含んだ洋舞が日舞に取って代わるほどの勢いで重視され始められたのは、1930年代のレビュー時代からのことだ。観客を圧倒する大スペクタクルとスピード感の中で見せる迫力の群舞が、レビューの売りである。当然、踊れる人材へのニーズがぐんと高まった。

ちょうどこの時期にできた「専科」誕生の経緯と人員構成の変遷から、そのことは如実に見てとれる。今「専科」といえば、いぶし銀のようなベテラン脇役陣で占められているが、じつは発足当時はまったく違う華々しいイメージだった。

劇団が出している年史によると、専科が発足したのは、日本初のレビュー「モン・パリ」上演の翌年の１９２８年5月である。そこで「宝塚少女歌劇団生徒（研究生生徒）を普通科、声楽科、舞踊科の三科に区分」と記述されていることからもわかるように、歌える人は声楽専科に、踊れる人は舞踊専科に入れて、組を問わず色々なレビューに出演できるようにするのが目的だった。

舞踊専科は「ダンス専科」と改称され、人数もどんどん増えていった。この頃、春日野八千代もダンス専科におり、「ひとつの作品の中のダンス場面を全部担当するので、十場面ぐらいに出ることになり、息つくひまもない忙しさ」であったと語っている（『白き薔薇の抄』）。

『宝塚歌劇80年史』に１９３６年の各組編成一覧表が掲載されているが、これによると、ダンス専科がＡＢＣＤの４つに分けられている。各組の人数はつぎの通りだ。

花組31名、月組29名、雪組34名、星組31名（計１２５名）
舞踊専科3名、声楽専科44名、ダンス専科Ａ45名、ダンス専科Ｂ50名、ダンス専科Ｃ45名、ダンス専科Ｄ45名（専科計２３２名）

何と組メンバーに対し専科メンバーが倍近くいる！　しかも、専科にもそれぞれ「組長」が存在している。中でもダンス専科は185名と全体の5割を占め、ダンスにいかに力を入れていたかがわかる。この時代のダンス専科は「幹部候補生の性格を持っていた」（白井鐵造『宝塚と私』）らしく、まさに時代の花形だったのだ。

しかし、その後タカラヅカのダンスは他のレビュー劇団とは少々違う道を歩んでいく。レビューの華といえばラインダンスだが、タカラヅカはそのラインダンスを強化し、売りにする方向には向かわなかった。もちろん、大人の女性の色気と脚線美を強調する方向に向かわなかったのも、前に書いたとおりだ。

では、どの方向へ向かったのか？　……「男役」の魅力を最大限に発揮する方向に向かったのだ。「タカラヅカ・ダンス」とは要するに、「男役」のかっこよさを魅せるダンス（そして、その対極としての「娘役」の可憐さを魅せるダンス）ではないか。

この「タカラヅカ・ダンス」はいつごろ、どのような過程を経て確立していったのだろう？　これは一朝一夕で確認できそうもないから、機会を改めてじっくり検証してみたいと思うが、少なくとも私がタカラヅカを観始めた1970年代後半から今まで、タカラヅカ・ダンスの基本的なテイストが大きく変わった印象はない。もちろん今の振付は昔よりはるかにスピード感があり複雑になっているが、開いてキメるのは昔からそうだった気がする。

ＣＳ放送で１９８３年に花組で上演された「オペラ・トロピカル」というショーを放映していたので見てみたが、「正面を見せる」「広げる」「キメる」「つま先を伸ばさない」というタカラヅカ・ダンスの特徴はすでに明確だ。おまけに、順みつき率いる男役だちが「オラオラ～！」と踊るラテンナンバーの熱さも今と変わらないと感じた。

そして黒燕尾群舞

その中でも進化を続け、今、「タカラヅカ・ダンス」の極みといえるほどに洗練されたのが、黒燕尾を着た男役による群舞である。

最近は「ラインダンス」「トップコンビのデュエット」に次ぐフィナーレ名物といえるほどに、黒燕尾群舞の場面は増えた。もはや黒燕尾群舞は「タカラヅカ・ダンス」のひとつの完成型といってよいのではないかと思う。

だが、これまた昔からそうだったわけでもないようだ。1972年3月に上演されたショー「ラ・ロンド」(作・演出は横澤秀雄)で当時の月組トップスター・古城都《こしろみやこ》が黒燕尾を着たが、このときの『歌劇』座談会で驚きの会話が交わされている。

横澤「今度黒燕尾の紳士を出してますが、エンビ姿は宝塚全体としても近頃珍らしいのです。三月は、この宝塚中でも一番エンビの似合う古城さんの姿が見られます」

古城「ショーでエンビを着るのは全く初めてなのです」

黒燕尾といえば、もともとは戦前のレビュー時代の「男装の麗人」のものだが、「ベルばらブーム」以前は「男役も黒燕尾は滅多に着ない」時代が続いていたらしい。

その復活と洗練のきっかけをつくったのは「タカラヅカのアステア」こと花組の大浦みずきの存在ではないかと思う。「印象に残る黒燕尾群舞のシーンは?」という問いに対して、大浦の名場面として語り継がれる「ショー・アップ・ショー」(1987年)の「ピーターガン」や「ベルサイユのばら」(1990年)のフィナーレを挙げる人は多い。

その後も、振付家の羽山紀代美らの手によって黒燕尾群舞の場面が作られ続ける。羽山の振付家30周年記念ダンシングリサイタル「ゴールデン・ステップス1975~2005」[※5]はその素晴らしさを改めて印象づけた舞台だった。「ベルサイユのばらフェルゼン編」(1990年)、「国境のない地図」(1995年)、「ベルサイユのばら2001」(2001年)と黒燕尾群舞の名場面が一気に再現されたのだ。

黒燕尾群舞の場面が急激に増えたのは2008年あたりからだ。拙著『タカラヅカ100年100問100答』(2014年)執筆時の調査では、2公演に1回のペースでフィナーレで大階段の黒燕尾群舞が行われている。

黒燕尾群舞の魅力のひとつは、決めポーズの何ともいえない優雅さにある。これは一人ひとりがバレエの素養を持つタカラヅカだからできる踊りなのではないかと思う。

バレエという踊りは、とてもロジカルなものだと思う。それは、私自身が大人バレエを少々かじった経験から感じたことだ。あらゆる決まり事が「人の身体の動きを最大限に美しくみせる」という目的のために存在している。

たとえば「上げた足をスラリと美しく見せるために」足の甲は伸ばし親指が内側に入り過ぎないようにする、とか、「横に伸ばした腕を長く美しく見せるために」肩甲骨は引き下げ肘は軽く曲げつつ引き上げる、といった具合に、細かい決まり事はすべて「美しく見せる」という目的に直結しており、納得感があるのだ。

このため他ジャンルのダンスを志す人でもバレエを習う人は多いが、とりわけ究極のエレガンスが要求され、観客を夢の世界にいざなうタカラヅカの舞台では、バレエの素養は役に立つ。

これからも、タカラヅカにおいてバレエは必要不可欠なものであり続けるのだろう。

タカラヅカ・ダンスのこれから

そんなわけで今でも、田舎に住む素朴な中学生の女の子がある日突然タカラヅカに夢中になり、「私もここに入る!」と決心したとき、まず最初にすべきことは最寄りのバレエ教室の門を叩くことである。

だが、それが今後も続くのかを考えたとき、気になることもある。そのひとつは、ストリートダンスの影響だ。今、若い世代の間ではダンスといえば「ストリートダンス」ではないか?

ストリートダンスというのは文字通り「路上で踊るダンス」から来たもので、その中にも様々な種類がある。「伸ばす」「引き上げる」「重心は高く」を基本とするバレエとは対照的な動きも多い。稽古着だって、体のラインがきちんと見えるレオタードを着るバレエと、ゆったりダボッとしたパンツをはくストリートダンスでは全然違う。

最近はタカラヅカでもストリートダンスっぽい振りも見かけるようになってきた。だが、バレエ育ちのタカラジェンヌは世間の若者たちと少し違っていて、「私たちこういうジャンルのダンスはどちらかというと苦手で……」などと語ることも多い。

そしてもうひとつ、これもストリートダンスの流行とも絡むのだが、ダンスそのものが「見る」ものから「自分で踊る」ものへと変わって来つつあるのも気になる動向だ。

そもそも「路上で踊る」ことから始まったストリートダンスは鑑賞用というより自分で踊るためのものだ。王侯貴族のたしなみから始まったバレエに比べるとぐっと身近にも感じられる。踊るからにはギャラリーがいないとつまらないが、この問題もＩＴ技術が解決してしまった。自分のダンスを動画に撮り、ニコニコ動画に「踊ってみた」タグをつけてアップロードすれば、たちどころに世界に向けて発信できてしまう。

今や大人も子どもも踊る時代である。２０１6年2月14日、日経ＭＪの一面に「ダンス市場　跳ねる」と題した特集記事が大々的に掲載されていた。ダンス教室数は全国で５０００にのぼり、ダンス部がある高校も10年間で倍増。関連イベントやテレビ番組も増えているという。

２０１２年に中学の保健体育でダンスが必修化され、その具体的な内容として「現代的なリズムのダンス」（いわゆるヒップホップ）が加わった影響も大きいようだ。

最近はタカラヅカのショー作品でも観客と一緒に踊る企画が増えている。これも世の中の流れの影響だろうか。２０１４年に柚希礼音が武道館で開催したコンサート「ＲＥＯＮ．ｉｎ ＢＵＤＯＫＡＮ～ＬＥＧＥＮＤ～」でも、観客と一緒に踊るコーナーがあった。その振りの難易度があまりに高くて驚いたが、文句を言う人もなく皆が必死で付いていっていたのにはもっと驚いた。

ＣＳ放送「タカラヅカ・スカイ・ステージ」でも、おなじみのダンスシーンの振付を各組のタカラジェンヌが先生となって教えるという「Let's ダンシング」という番組が放映された。

果たしてストリートダンスのテイストは、今後の「タカラヅカ・ダンス」にどのように盛り込まれていくのだろうか？　幼いころからストリートダンスをたしなんだ世代がタカラジェンヌとして入団してきたとき、タカラヅカの名ダンサーのイメージも変わっていくのだろうか？　はたまた「ダンスとは自分で踊るもの」と思って育った世代が大人になったとき、タカラヅカの観客の姿も変わっていくのだろうか？

※1　柚希礼音も演じた、あの「太陽王」である。フレンチ・ミュージカル「太陽王」は2014年星組にて上演された。

※2　雪組公演「ニジンスキー」(2011年)はヴァーツラフ・ニジンスキーを早霧せいなが、公私ともに彼と深い関係にあったディアギレフを緒月遠麻が演じ、2人のラブシーンも話題になった作品だ。

※3　これを実現させた小牧正英もタカラヅカに教えに来ており、小牧が振付けたバレエもタカラヅカで上演されている。

※4　3年に一度、世界中の一流バレエダンサーが集まるという、世界でも類を見ない贅沢なイベント「世界バレエフェスティバル」を立ち上げたことで知られる。若かりし日の佐々木はタカラヅカやSKDのレビューに夢中になっていたということだ。

※5　轟悠、湖月わたる、朝海ひかる、瀬奈じゅんをはじめ専科、月、雪、星組総勢89人が出演した豪華なステージだった。

西暦	和暦	タカラヅカのできごと	バレエのできごと	世の中のできごと
1871〜1880	明治4〜明治13	明治6 小林一三、1月3日に生まれる。	明治10 ロシアで「白鳥の湖」が初演。	明治4 岩倉使節団が横浜港を出発。 明治7 自由民権運動はじまる。 明治10 西南戦争。
1881〜1890	明治14〜明治23	明治15 小林一三、この頃に故郷韮崎町の蓬莱座で初めて芝居を観る。 明治21 小林一三、上京して慶応義塾に入学。	明治23 ロシアで「眠れる森の美女」が初演。	明治16 鹿鳴館が完成する。 明治22 大日本帝国憲法が発布。
1891〜1900	明治24〜明治35	明治26 小林一三、三井銀行に入社。	明治25 ロシアで「くるみ割り人形」が初演。	明治27 治外法権の撤廃。／日清戦争が開戦。 明治31 オーストリア皇后エリザベート、刺殺される。
1901〜1910	明治34〜明治43	明治40 小林一三が三井銀行を退職。／箕面有馬電気軌道が設立。一三は専務取締役となる。	明治38 イサドラ・ダンカンがロシアを訪問。 明治42 バレエ・リュス（ロシアバレエ団）がパリで公演。	明治37 日露戦争が開戦。 明治43 韓国の植民地化（韓国併合）。／大逆事件。
1911〜	明治44	明治44 宝塚新温泉営業開始。 大正1 小林一三、帝劇にて歌劇「熊野《ゆや》」を観劇。 大正3 宝塚少女歌劇養成会、第一回記念公演。	大正1 ニジンスキー振付の「牧神の午後」がパリで上演。 大正4 帝劇公演「夢幻的バレー」で高木徳子が日本で初めてトウシューズで踊る。	明治44 関税自主権の回復。／女性のみの文学雑誌「青鞜」創刊。 大正3 第一次世界大戦はじまる。 大正6 ロシア革命おこる。

1920 大正9	大正7 帝国劇場にて初の東京公演。／雑誌「歌劇」創刊。	大正8 岸田辰彌が宝塚入団。正式なバレエの教練が始まる。 大正9 岸田「毒の花園」上演。タカラヅカで初めてトウシューズで踊る場面が取り入れられる。	大正7 立憲政友会の原敬が首相に。初の政党内閣。 大正8 パリ講和会議でヴェルサイユ条約が調印。
1921 大正10 1930 昭和5	大正10 月組、花組が誕生。／専属のオーケストラが設けられる。 大正13 雪組誕生。／宝塚大劇場が開場。 昭和2 日本初のレビュー「モン・パリ」上演。 昭和3 専科制度の発足。 昭和5 大レビュー「パリゼット」上演。	大正11 アンナ・パブロワが来日。 大正12 ルイジンスキーが宝塚のバレエ教師となる。 大正14 エレナ・オソフスカヤが宝塚のバレエ教師となる。	大正10 ワシントン会議。ワシントン体制による協調外交へ。 大正12 関東大震災。 大正14 普通選挙法が成立。／治安維持法が成立。 昭和2 金融恐慌。 昭和4 世界恐慌はじまる。
1931 昭和6 1940 昭和15	昭和8 星組誕生。レビュー「花詩集」上演。 昭和9 東京宝塚劇場が開場。／「宝塚女子友の会」発足。 昭和11 「宝塚グラフ」創刊 昭和13 初の海外公演「独伊芸術使節」。	※1920年代後半から30年代前半にかけて、タカラヅカでも「バレエ」と称する演目がよく上演される。 昭和11 オリガ・サファイアが日劇のバレエ教師となる。 昭和12 日劇「ロシアン・バレエの試み」を上演。 昭和14 日劇でバレエ「プリンス・イゴール」上演。	昭和6 満州事変はじまる。 昭和7 五・一五事件。 昭和8 国際連盟からの脱退。 昭和11 二・二六事件。 昭和12 盧溝橋事件発生。日中戦争へ。 昭和13 国家総動員法が制定。 昭和14 第二次世界大戦がはじまる。 昭和15 大政翼賛会の結成。／日独伊三国同盟が締結。

1941 昭和16 1950 昭和25	昭和19 宝塚大劇場、東京宝塚劇場が閉鎖。 昭和21 宝塚大劇場公演再開。	昭和21 「白鳥の湖」が帝国劇場で日本初の全幕上演。	昭和16 12月8日、真珠湾攻撃。太平洋戦争はじまる。 昭和19 本土空襲の激化。 昭和20 沖縄戦。広島・長崎に原子爆弾が投下。／太平洋戦争の終結。 昭和21 日本国憲法が公布。 昭和25 朝鮮戦争はじまる。
1951 昭和26 1960 昭和35	昭和26 グランド・レビュー「虞美人」が初演。 昭和29 第一回「宝塚義太夫歌舞伎研究会」開催。 昭和30 米軍に接収されていた東京宝塚劇場（アーニーパイル劇場）が東宝に返還される。 昭和33 日本郷土芸能研究会が発足。／民俗舞踊シリーズ第一集「鯨」上演。 昭和35 「華麗なる千拍子」芸術祭賞に。		昭和26 サンフランシスコ平和条約が調印。／同日に、日米安全保障条約も調印される。 昭和31 流行語「もはや戦後ではない」
1961 昭和36 1970 昭和45	昭和42 初の海外ミュージカル「オクラホマ」上演。	昭和40 東京文化会館にて東京バレエ団の旗揚げ公演「白鳥の湖」上演。 昭和43 タカラヅカでミュージカル・バレエ「ピラールの花祭り」（バレエと銘打った最後の作品）	昭和39 東京オリンピック 昭和40 アメリカが北ベトナム爆撃開始（ベトナム戦争） 昭和43 東大安田講堂事件。 昭和44 アポロ11号が月面着陸 昭和45 大阪万国博覧会が開催。
1971 昭和46 1976 昭和51	昭和49 「ベルサイユのばら」空前の大ヒット。	昭和51 世界バレエフェスティバルがはじまる。	昭和47 浅間山荘事件。 昭和48 第4次中東戦争。石油ショック起こる。／ベトナム戦争終結。 昭和50 新幹線が岡山から博多まで開通。

第5の扉
タカラヅカ×日本舞踊

「日本物」復活の兆しの中で

ここ最近のタカラヅカには「日本物」復活の兆しが見える。日本物好きの私としては、嬉しい限りだ。芝居もショーも、良質の日本物が増えるといいなと思う。

だが、これが多数派の意見かどうかは、少々自信がない。2014年末、ファンの方から取ったアンケート[※1]で、「近年のタカラヅカでは『日本物』の上演回数が減少傾向にありますが、この点についてどう思いますか?」と質問したことがあった。結果は以下のとおりだった。

①「日本物」は宝塚歌劇の財産なので、もっと上演回数を増やすべき　44%
② 現状ぐらいでよい　52%
③「日本物」には興味がないので、別に上演回数が減っても構わない　3%

一見、日本物が歓迎されているように思えるが、そう素直に受け取ってよいものかは難しいところだ。なぜなら、このアンケートは「日本物好きな私」がツイッターやブログなどで集めた結果であり、私の周囲の、どちらかというと私に価値観の近い人たちの回答である可能性が高いからだ。

「もっと上演回数を増やすべき」が44％というのは思ったよりは多くて嬉しかったけれど、かといって52％は「現状ぐらいでいい」と言っているのだから、日本物が大歓迎されているわけでもなさそうだ。

この結果はファン歴との相関関係が強い。30年以上タカラヅカを観ているファンは60％もの人が「もっと上演回数を増やすべき」と言っているが、ファン歴１～９年の人だと34％に過ぎない。確かに、復活の兆しが見え始めた２０１３年以降をのぞけば、ここ10年ほどのタカラヅカの日本物は質・量ともに壊滅的な状況だったから、最近ファンになった人は日本物の良作を観ていない可能性も高い。この結果も当然だろう。

フリーコメントの中に、「なくすのはいやだけど、自分が応援する組が日本物ばかりになったらいやだ」というものがあった。日本物が得意なスターを応援している人はともかく、「総論賛成、でも各論は……」というのが多くのファンのホンネではないかと思う。

企業論理からすると、ここでバッサリと「日本物」をジャンルごと切り捨ててしまうという選択肢だってありえるところだ。だが、タカラヅカはそうしない。

何故か？　それは「日本物」がタカラヅカ100年の中で紆余曲折を経ながら守り育てられてきたジャンルであり、そうやすやすと切り捨てられるものではないからだろう。よく「日本物はタカラヅカの財産」という言い方がされるけれど、歴史を振り返ってみると、この言葉にはお気楽には使えないほどの重みがあることがわかる。

「洋物」と「日本物」の一番の違い、それは「着物を着て踊ること」だろう。「歌・踊り・芝居」の三要素のうち、歌に関してはオーケストラの演奏による洋楽を使うことが創設者・小林一三の強いこだわりであった。それは日本物であっても変わりはない。芝居に関しても、物語の舞台が日本国内になるだけで、作劇法や演じ方に大きな違いはないだろう。一番違うのはやはり「踊り」である。

というわけで、タカラヅカにおける日本舞踊のあり方を振り返りながら、「何故タカラヅカは『日本物』にこだわり続けるのか？」を探っていきたいと思う。

オーケストラに合わせて日舞を踊る？

だが、そもそも「日本舞踊」とはいったいどういう踊りなのか？　バレエなどの洋舞と何が一番違うのか？　実のところ私だってよくわかっているわけではない。

ものの本の解説を読むと、日本には古くから様々な種類の踊りがあるが、その中でも歌舞伎の中の舞踊を元に発達したのが「日本舞踊」なのだそうだ。だが、歌舞伎舞踊にしても今の私たちからすると、「地味」「眠くなる」といったイメージが強い。

要するに、何が魅力なのかがわからないのである。それを理解するには体感してみるのが一番、一度自分でもやってみたいと思っていたら、幸運なことにベストな機会が巡ってきた。元タカラジェンヌであり、今は日本舞踊の世界で活躍されている尾上《おのえ》五月《さつき》さん（宝塚時代の芸名は五月梨世《さつきりせ》さん）の日本舞踊一日体験講座である。

久しぶりに浴衣を着て参加してみる。着物からは手と首から上しか出ないので、手や頭の動きによる表現が日舞ではとても重要とのこと。身体の線を出し、足を上げたりジャンプしたりして踊る洋舞と対照的だ。とても繊細な踊りだと思ったが、だからこそ「地味」に感じてしまうのかもしれない。これを大舞台で効果的に見せるのは難しそうだ（もっとも一口に日本舞踊といっても幅広く、中には勇壮な踊りもあるそうだが)。

基礎的な動きを習った後、「お江戸日本橋」を踊ってみる。面白いのが、その振りがまさに歌詞の意味を表しているということだ。たとえば「高輪」のところで方向を指差したり、「夜明け」のところでその様子を表現したりといった具合である。

やってみると日舞の特色、その面白さと難しさが、ほんの少しだが実感できた気がした。これからは客席からも少し違った視点で観ることができそうだ。だが同時に、根本的な部分は日舞も洋舞も共通している、ということもわかった。たとえば、体幹がしっかりしていなければならないこと、音楽をよく聞かなければならないこと、先生をよく見ながら振りを覚えていくこと。これらは日舞に限らず、あらゆる舞踊に求められる基礎だろう。

これまで「洋舞も日舞もやらないといけないタカラヅカって大変!」と思い込んでいたが、意外とそうでもないのかもしれない。バレエの素養があり「舞踊の基礎」を身につけている上に、もともと身体能力が高い人も多いタカラジェンヌは、日舞だってその気になればあっという間に上達するポテンシャルを秘めているともいえそうだ。

タカラヅカの日本舞踊には、普通の日本舞踊と大きく違う点がある。それは「オーケストラが演奏する洋楽に合わせて踊ること」だ。しかも、群舞が多い。したがって「タカラヅカ・ダンス」がバレエと違うように、タカラヅカの舞台における日本舞踊も、いわば「タカラヅカ日舞」ともいうべき存在だ。

今でこそ「洋楽に合わせての日本舞踊」も見かける機会は増えたが、始めた当初はそう簡単なことではなかった。「タカラヅカ日舞」の確立までには苦難の道程があった。

問題のひとつは「踊りをそろえること」だった。『歌劇』1926年6月号に、「西洋音楽の伴奏で何故日本舞踊は揃わぬか」という面白いタイトルの特集記事がある。演出家や振付家、音楽家まで各方面の専門家17名がこの問題に関して丁々発止の意見を交わしたものを取りまとめた特集だ。

1926年といえば、宝塚大劇場落成（1924年）の2年後だ。大きくなった舞台で踊りをそろえることが急務となっていたのだろう。この特集を読むと、いったい何が難しかったのかが想像できてくる。

中でもなるほどと感じさせる意見を述べているのが、音楽家の安藤弘※2だ。安藤は次のように言う。

「西洋音楽と日本音楽とはその出発点を異にしている。前者はアクセントを踏んでいるダンス・ミュージックより出発し後者は歌詩に従って発達したものである。日本音楽にはオリジナルとしてダンス・ミュージックなるものがない。歌あつて後に発生し、存在せる音楽である。前者からはリズムを追ふダンス舞踊が出来、後者からはその歌、詩に振りをつけた日本舞踊が発生成長したのである。だから日本舞踊は概ねソロ舞踊として発達した。日本音楽は殆《ほとん》ど悉《ことごと》く裏になるのである。アクセントのない所で手を出し足を上げるやうに出来ているのである。であるがために、アクセントのない、またアクセントの弱いときに動かうと云ふのだから大勢で揃ふことが根本として困難である。三味線、西洋音楽の如何に不拘《かかわらず》、日本舞踊は大勢では揃ふのが困難なのである」

言われてみれば確かに、洋楽の拍子はおおむね規則正しいものだ。4拍子であれば「**タン**、タン、タン、タン、**タン**、タン、タン、タン」、2拍子であれば「**タン**、タン、**タン**、タン」といった具合に、頭の拍を強くする。テンポは一定で、曲の頭をゆっくり始めたり、クライマックスでテンポを次第に速めたりするときは、その旨も楽譜にきちんと指示される。

ところが、邦楽はまったく違う。ここで私自身の体験として思い出すのが、三味線や箏の代表的な練習曲でもある八橋検校《やつはしけんぎょう》の「六段」という曲のことだ。この曲は極めてゆったりとした調子で始まるが、段が進むごとに少しずつ速度を速めていく。そして最後、弾き手の限界までテンポを上げたかと思えば、急にテンポを落とし、最後は再び極めてゆったり、静かに終わる。

極限までテンポが上がったときはテンションも極限まで上がり、再びゆったりと弾くときは気持ちも穏やかだ。まさに心の趣くまま。楽譜に細かい指示はなく、演奏者によっても全然違うし、同じ演奏者であっても今日の演奏と明日の演奏では気分や体調次第で変わるだろう。洋楽と邦楽の違いは、まるでベルサイユ宮殿の庭園と龍安寺の石庭のごときだ。

もともと規則正しいリズムに合わせて踊るようにはできていない日舞を一糸乱れず踊るのは、いかにも難しそうだ。ひとりで心の趣くままに踊る分には良いが、群舞でそろえるのは至難の技だろう。

この特集記事ではこの他にも「オーケストラの編成にも問題がある。アクセントを明瞭につけられる楽器を加えるべき」「そろわねばそろわぬでいいではないか」(?)等、様々な意見が飛び交っている。新進気鋭の日本舞踊家の楳茂都陸平《うめもとりくへい》(この後に登場予定)だけが「日本舞踊は西洋楽器の伴奏でも揃い得る」と断言している。

オーケストラが演奏する洋楽のリズムに合わせ、群舞で踊る「タカラヅカ日舞」をいかに確立していくか？　それは創成期のタカラヅカの大きなテーマだった。

「タカラヅカ日舞」を極めた天津乙女《あまつおとめ》

タカラヅカで日本舞踊を踊るときのいま一つの問題、それは洋楽のリズムに合わせつつ、日本舞踊独自のしなやかな動きをどう見せるかだった。一歩間違うと、まるでラジオ体操のような直線的な動きになってしまう。

この点に関して、創成期のタカラヅカの舞台を観た歌舞伎俳優の七代目松本幸四郎[※3]が面白い感想を述べている。

「（宝塚の作品は）作曲も歌詞も純日本式の創作ですから非常に振りに合って居ますし、振も亦腰から下の運動はオーケストラの西洋楽に巧く合い、腰から上の運動は日本の舞踊を器用に取入れて此二つが目立たないように混和されているのは実に感心です」

（1916年『宝塚少女歌劇脚本集第一号』より「成功したる少女歌劇」）

つまり、腰から下の動きで洋楽のリズムに合わせつつ、腰から上で日舞風の動きを見せるということだ。一般に「重心を上に引き上げて、足で踊る」洋舞に対し、「重心を下に落として、手で踊る」のが日舞の特徴だといわれる。「タカラヅカ日舞」はそんな両者の特徴をうまく合わせた踊りだといえそうだ。

この「タカラヅカ日舞」の確立に大きく貢献したのが、天津乙女である。１９１８年に入団し、その生涯をタカラヅカの生徒として全うした。芸名の由来は百人一種の僧正遍昭の歌「天津風　雲の通ひ路　吹き閉ぢよ　をとめの姿　しばしとどめむ」だ。歌舞伎の世界で踊りの名手として知られた六代目尾上菊五郎を非常に尊敬しており、「女六代目」の異名を取ったほどの日舞の名手だった。

タカラヅカでも歌舞伎舞踊をアレンジした作品に多数出演している。中でも「鏡獅子」は得意演目で、１９３３年から１９５７年の間、計19回も上演されている。１９５８年には生徒個人としては初の紫綬褒章《しじゅほうしょう》を受賞した。その名を聞いて、黒燕尾姿でも軍服姿でも輪っかのドレス姿でもなく、毛振りで踊る「鏡獅子」を思い出すタカラジェンヌは天津ぐらいなものだろう。

私の記憶の中でも天津乙女さんといえば、「かつて『宝塚おとめ』の最初のページに春日野八千代さんと共に載っていた偉い人」という印象だ。[※4]ところが、天津自身は「宝塚での私の舞踊については私自身が〝ヌエ的〟存在なので四十年来ずっと悩み続けて来ました」（読売新聞1958年7月16日）と語ったこともある。レビューを楽しみに来るお客さまからは歓迎されず、日舞が好きな人からも異端視されるという苦しい立場だったのだ。

現在の日本物ショーにおける見どころは何といっても華やかな群舞である。こうした場面の振付は洋舞と同様にカウントで行うそうだ。天津のように個人技を見せる場面は減ってきている。その背景には踊れる人が減ってきていることもあるし、そういう場面を求める観客が減ってきているということもあるだろう。

大舞台で踊る「タカラヅカ日舞」は動きも大きくなりがちで、とりわけ近年、カッコよさが身上の男役が踊るときは「男役の美学」に則ったものになりがちな傾向もある。そこで追求されるのは「タカラヅカ・ダンス」と同様の「キメる」方向性であり、みやびな日本舞踊本来の美しさとはちょっと違うかもしれない。

それでも、「タカラヅカ日舞」が独自の存在として今に受け継がれてきているのは、この天津をはじめとした歴代の踊り手たちの試行錯誤のたまものなのだ。

創成期は「新舞踊」の実験場だった

何故そんな大変な苦労までして、オーケストラの奏でる洋楽で日本舞踊を踊らなければならなかったのだろう？　それは言うまでもなく、創設者である小林一三に「洋楽を使った『歌劇』でもって国民劇を！」という理想があったからだ。

ここでわかっておきたいのは、宝塚少女歌劇が誕生した頃、「演劇といえば歌舞伎」のことであったように「踊りといえば日本舞踊」のことだったという点である。歌はすべて「洋楽」になっても、踊りのほうはすべて「日舞」から「洋舞」に切り替えましょうということにはならなかった。

だが、一三は日舞のお稽古にさえ三味線を使うことは一切まかりならんという「三味線禁止令」を発令していたというから凄まじい（じきに解除になったようだが）。

そんな逆境（？）をバネにし、タカラヅカという場を利用して日本舞踊の新機軸を打ち立てようとした人がいた。それが「西洋楽器の伴奏でも日本舞踊は揃い得る！」と断言した楳茂都陸平である。彼は日本舞踊の家元のひとつ「楳茂都流」の御曹司で、一三によって日舞の教師としてタカラヅカに迎えられたときは弱冠20歳のホープだった。

一三の意を汲んだ楳茂都は、生徒と共にピアノの稽古をし、自らバレエも学び、やがて1921年3月に23歳にして「春から秋へ」という斬新な舞踊劇を発表する。

いったいどんな作品だったのだろう？　映像が残っていないので見る術はないのだが、子どもの頃にこの作品を観たという高木史朗が描写している一節を引いてみることにしよう。

「『春から秋へ』は美しい八百屋舞台の上から、繭がコロコロと転がって来るところから始まる。そして繭のなかからサナギがはい出してきて、蝶に変身する。蝶がうららかな春の日を舞い狂ううちに、いつしか夏の日々も過ぎ去り、秋になる。冷たい風の吹くなかで、舞台の上から大きな木の葉がバサリと落ちてくる。蝶はそれを払いのけてゆく。『春から秋へ』はこういった蝶の短く美しい生涯を、バレー風な新しい日本舞踊の形式をもちい、音楽、舞台装置、照明などの統一された美しい舞台で描き出したものであった」（高木史朗『レヴューの王様』より）

この作品は評判を呼び、その後も何度か再演された。とりわけ演劇や舞踊の関係者に注目され、歌舞伎の市川猿之助（二代目）はこの作品に刺激されて「虫」という舞踊劇を作っている。もっともこの作品、一般の観客からの受けは微妙なところもあったようだ。要するに「若くて才能溢れる新進気鋭の作者だが、その作風は一般人にはちと難解」という受け止められ方だったらしい。ファンにしてみれば「私は楳茂都作品が好き」と言えば、「知的で先進的な私」を演出することができた、そんな作者だったのだろう。

この時期、日本舞踊界では洋楽を取り入れた「新舞踊」を確立していこうという動きが盛り上がっており、楳茂都はその急先鋒であった。ちょうど同じころ、邦楽の世界にも洋楽の要素を取り入れた「新日本音楽」を打ち立てようという動きが活発で、その中心のひとりが「春の海」を作曲した宮城道雄だった。

楳茂都はこの時期、雑誌『歌劇』でも改革の担い手としての気概を感じさせる寄稿をさかんに行っている。たとえば「春から秋へ」を発表した1921年6月号の「日本舞踊の新機運」という記事は、

「日本舞踊が行詰まった、もっと考へねばならぬ」

との書き出しで始まり、江戸時代以来の日本舞踊を「二百何十年の間古い御殿の奥庭で大事に育てられた老松」のようなものだとたとえ、

「大きく広がつた枝、固く喰い言つた大きな根を持つてゐる以上、その庭では研究の余地がない。かうして先ずその古庭から更に完全な外界に移植しなければ其後の立替は恐らくとれまいと思

ふ」

とまで言っている。洋楽という大波が押し寄せる中、既存の日本文化の担い手たちの間では「自分たちも変わらなくては」という機運が盛り上がっていた。創成期のタカラヅカはそのための格好の実験場でもあった。

『宝塚歌劇100年史』によると、タカラヅカ初の日本物ショーは1926年4月に上演された「春のおどり（花）」なのだそうだ。[※5] そう聞くと意外な感じがするが、確かにそれ以前のタカラヅカは「歌劇」「お伽歌劇」「喜歌劇」などが主な演目だった。1926年の「春のおどり（花）」も「新舞踊」と銘打たれているから、当時まさに「歌劇団」を目指していたタカラヅカとしては新たな挑戦だったのだろう。

今となっては日本の伝統文化の体現であり、若干古いイメージを持たれがちな日本物ショーも、じつは「新たな試み」として始まったものだったのだ。

「温泉」テーマのレビュー？

だが、レビュー時代を迎えると、その風向きが変わり始める。

専科制度が発足、つまり「生徒を普通・舞踊・声楽の3科に区分」したのが1928年5月のことだが、このうちの舞踊専科が「ダンス専科」となったことは第4の扉（141頁）で紹介したとおりだ。じつは日本舞踊専科ができるのはダンス専科より後のことなのだ。

タカラジェンヌの間では洋舞が上手い人のことを「ダンサー」、日舞が上手い人のことを「ニチバー」と呼ぶ[※6]らしいが、この時期ニチバーはすっかり影が薄くなってしまっていたというわけだ。

元祖ニチバー・天津乙女の著書『清く正しく美しく』の中でも、レビュー「モン・パリ」に関して記述した部分はやけにテンションが低い。天津は「モン・パリ」のとき「私よりもっと適役の人がいるでしょう」といって初めて役を断ったそうだ。歴史に残る「モン・パリ」で天津は結局目立った役はしなかったらしい。

そんな最中の1931年2月、楳茂都《うめもと》陸平《りくへい》が西欧に旅立った。この時、楳茂都は33歳。岸田辰彌、白井鐵造に続き満を持しての洋行、しかも3年の長きにわたる滞在である。

帰国した楳茂都が1934年に出した凱旋公演が……その名も「ヂャブ・ヂャブ・コント」という日本物レビューであった！

この作品、今となっては「タカラヅカで始めてマイクロフォンが使用された」ということで歴史に名を留めている。だが、上演当時は物議をかもした問題作だった。タイトルから想像されるとおり「日本の温泉場の情緒をノンストップで綴っていく（『90年史』より）」もので、草津温泉の「湯もみ音頭」あり、温泉の三助によるコミカルなダンスあり、初登場のマイクロフォンを使ってスター葦原邦子《あしはらくにこ》が歌ったのも、ルンバのリズムで「みんなこの世に生まれたときは　産湯ジャブジャブやらぬはないか〜」という歌謡曲風の歌だったらしい。

「あの先鋭的な楳茂都先生の帰国第一作」として期待されるイメージとはだいぶ違っていた。そのためファンは拍子抜けだったようで、『歌劇』の読者投稿コーナー「高声低声」（1934年9月号）にも、

「浅学な私がとても批評などは及びませんが、今迄のものとは全然変った感じのする事はよく分かりました」

「ギャブギャブ・コントは本格的のレヴュウでありすぎる為に私達にピッタリしないのだ」

「しやれた楳茂都先生に背負ひ投げを食はされた形だ」

「これに依って日本のレヴュウ界は可成り刺激を受けた事だらう。されば楳茂都先生の次作品を期待する事にしやう」

と、微妙な言い回しの投稿が並んでいる。文句なしに大絶賛の「パリゼット」の時とは大違いだ。

もちろん楳茂都としてはフザけてこのような作品を作ったわけではない。日本の「温泉」という身近な題材をベースにしつつ、マイクロフォンや蓄音機、ジャズなど西欧で触れてきたものをふんだんに盛り込んだ作品を作ることが彼の意図だった。ただ、残念ながらそこには、観客の多くが期待するような、お洒落なパリの香りは漂っていなかった。

「あくまで日本的なものをベースにして、そこに西洋的なものを取り込む」というやり方は、

ベースが日本舞踊家である彼としては当然の方法論だったのだろう。だが、それは観客の期待とは少し違っていたようだ。

この作品、小林一三には大いに評価されていたし、男性ファンの受けは良かったという話もある。だが、この時期激増していた女性ファンには歓迎されなかった。世の中はレビュー時代花盛り。パリの香りがする華やかな白井レビューに観客は軍配を上げた。

以降、白井鐵造が「レビューの王様」として君臨し続けるいっぽうで、かつては新舞踊の旗手として、先進的な作風で脚光を浴びた楳茂都の存在感は薄くなっていったのだった。※7

日本物へのあくなきこだわり

こうなったらタカラヅカもレビュー劇団の方向に一気に舵を切ってしまいそうなところだが、そう安易な道を選ばないところが小林一三の先見の明であり、タカラヅカのしぶとさである。レビュー時代にあっても、内部では早い段階からその反動ともいえる動きは起こっていた。

「モン・パリ」大ヒットの翌年にあたる1928年、一三は天津乙女と滝川末子の二人を生徒でありながら舞踊の助教授に任命している。さらに1933年には「日本舞踊専科」を正式に発足させ、天津も専科入りすることとなる。日本舞踊が得意な生徒がその道に邁進できる環境を整えたのだ。

「日本の風俗習慣を度外視して、外国種のみを真似をして居る場合には必ず落伍する」（『歌劇』1930年8月号）と考えていた一三ならではの采配だ。

第1の扉（26頁）でも紹介した「忠臣蔵」のレビューが登場するのも、ちょうどこの時期（1932年）である。1937年には、長らく脚本執筆から手を引いていた一三自身の手による作品も上演される。その名も、歌舞伎レヴュウ「恋に破れたるサムライ」だ。

こうした一連の動きは「ベルばらブーム」の時代を彷彿とさせる。この時期のタカラヅカは一見「ベルばら」の夢々しさで塗り込められたかのようでいて、その実、柴《しば》田《た》侑宏《ゆきひろ》のリアルな人間ドラマの名作なども次々と誕生した時代だった。

ある方向に大きく針が振れたとき、必ずその反動のような動きも起こる。アンチテーゼを常に内包し続けられる懐の深さこそが、タカラヅカの強さではないかと思う。

こうした方針は、一三亡き後も受け継がれていったようだ。タカラヅカが50周年の節目を迎

えた1964年の『歌劇』4月号において小林米三理事長（一三の三男）も、これからの宝塚歌劇のあり方について、

「レビューも結構である。しかし、宝塚はここで五十年の伝統を基にして何か独創的なものを作るべきである。それが大衆に愛されるならば、それこそ国民劇である」

という方向性を示している。また、実際の上演作品を振り返り、

「今日まで、宝塚はレビューばかりでなく、独創的な国民劇の創造にも励んで来たと思うのである」

と述べている。

戦後活躍した演出家の高木史朗も、著書『レヴューの王様』（1983年）の中でつぎのように言っている。

「元来宝塚というところは、日本モノと洋モノをバランスをとりながら育ててきており、その上にのって発展してきた。この事情は『モン・パリ』によって宝塚がレヴュー時代に入ってからも変っていない。また小林一三翁は常にこのことを気づかわれこのことに力を注いでこられた」

そして、高木自身も一三のこの遺志を受け継ぎ、実践していくことになる。「演出家・高木史朗の代表作」といえば、一般には「パイナップルの女王」で有名な大ヒットレビュー「華麗なる千拍子」と言われるだろう。だが、

「私がこの小林一三先生から受けた国民劇の創成ということの意味は、結局日本製のミュージカルという意味に受け取れた。私達がこれから目指さなければならないことは、日本製のミュージカルの創成である、ということである」

（1976年『宝塚のわかる本』）

との言葉どおり、現代日本をテーマとした作品にも果敢に挑戦していったのだった。

たとえば、1951年には「河童まつり」という妙なタイトルの作品をつくっている。失恋して沼に飛び込み自殺をはかった少年が河童の国に迷い込んでしまうという物語で、当時話題の「踊る宗教」やパチンコ、競輪、果ては朝鮮戦争までも笑いの種にしてしまう大胆な風刺劇だった。初日はさすがの高木もヒヤヒヤだったらしいが、小林一三はこの作品を「宝塚歌劇空前の壮挙」とまで大絶賛している。※8

その後も高木は同時代の日本を舞台にしたミュージカルの創作に意欲的に取り組み、「東京

の空の下」（1959年）、「虹のオルゴール工場」（1963年）、「星の牧場」（1971年）、「星のふる街」（1972年）といった作品を送り出している。

このうち特に話題となったのが「虹のオルゴール工場」だ。主人公の名は諏訪一郎。地方のオルゴール工場で働く、この時代どこにでもいそうな青年である。歌が得意な一郎は東京に出て歌手として一旗上げるのだが、夢破れて帰郷する。「やっぱり故郷で地道に働くのが一番」という結末だ。高度経済成長期まっただ中の観客の心をつかんだ作品だった。

また、高木はつぎのようにも述べている。

「世界が狭くなり、日本が世界から注目されてき、また宝塚自体も世界から注目されてきた現在、これから、宝塚の日本モノ・レビューをどのように確立していくか。これはいちばん私たちが考えなくてはならない重大なことで、宝塚が、これからますます国外へ進出していこうとしているとき、その感をいっそう強くするものである」

（1964年『宝塚花物語』）

この時期の演目をみてみると、日本物レビューにも意欲的な作品が多い。「舞踊劇」と銘打った作品が増えているのも目につく。

終戦から立ち直り、高度経済成長の中でようやく自信を取り戻した日本が、世界にも打って出ようとしていた。そんな時代だったからこそ、タカラヅカにしかできないやり方で、日本独自の文化を継承・発信してこうという機運も強まったのだろう。

渡辺武雄と「日本郷土芸能研究会」

こうした流れの中、1950〜60年代のタカラヅカでは驚くべき活動がなされていた。それは、日本郷土芸能研究会による「民俗舞踊シリーズ」の上演である。

「日本郷土芸能研究会」は1958年に発足し、その中心となったのは演出家の渡辺武雄だった。渡辺は、日本全国を自分の足でくまなく歩き、各地の郷土芸能を取材した。その成果をもとに、20年間に「民俗舞踊シリーズ」14編と「物語り風土記シリーズ」8編、計22作品を送り出している。「民俗舞踊シリーズ」14編のラインナップは以下のとおりだ。

・1958年雪組「鯨」
・1959年雪組「花田植」
・1960年星組「山びと」
・1961年雪組「火の島」
・1962年月組「花のみちのく」
・1964年月組「黒潮」
・1964年月組「ユンタ」
・1966年雪組「藍と白と紅」
・1966年星組「砂丘」
・1967年星組「花風流」
・1969年雪組「祭」
・1972年雪組「かぐら」
・1973年雪組「竹」
・1978年月組「祭りファンタジー」

このうち1961年の「火の島」は芸術祭賞を受賞している。うっかり「火《ひ》の鳥《とり》」と読み間違えがちだが「火《ひ》の島《しま》」だ。鹿児島県南部や奄美大島、種子島などに取材した作品である。※9

組別の内訳をみると、雪組7作、月組4作、星組3作、花組0作となっている。雪組が多いのは、この時期のトップスターが日本物の得意な明石照子《あかしてるこ》、そして芸達者な真帆志《まほし》ぶきと続いたからだろう。思うに「日本物の雪組」の伝統はこの頃から連綿と培われてきたのだ。

渡辺はもともと振付家志望、しかも日舞ではなく洋舞の人だった。タカラヅカが生まれた1914年、台湾に生まれ育つ。大学は日本の関西学院大学に進学したが、ダンスの道を志し、いったん大学を中退して上京。秦豊吉率いる日劇で振付助手となる。

ちょうどこの頃の日劇では秦のアイデアで、各地の民俗舞踊に取材した作品の上演が試みられていた（第3の扉107頁）。渡辺も故郷台湾を取材し「燃ゆる大地・台湾（山の巻）」（1940年）という作品の構成・演出を担当している。このときの経験も後にタカラヅカで「民俗舞踊シリーズ」を生み出す原動力となっていく。

戦後の1948年からタカラヅカでの振付を担当するようになるが、もともとショーやレビューをつくることには興味がなく、その情熱の対象はやはり創作舞踊でありバレエであった。

1952年に劇団からアメリカに行かせてもらい、ニューヨークでダンスを学んだ。戦後間もない時期で日本人がバカにされたこともあり、日の丸のついた鉢巻きをして稽古場に臨んだこともあった。

渡辺武雄

このとき教えを受けたキャサリン・ダナムという黒人ダンサーから、「日本には良い文化、古い文化があることを知っている。アメリカの模倣にならないように、自分の足元の周辺にあるものから作品を作ることを考えたら」と言われた（『宝塚歌劇における民俗芸能と渡辺武雄』）。この一言がその後の渡辺に大きな影響を与えることになる。「民俗舞踊シリーズ」は、こうして日本文化を客観的に眺める視点と、洋舞のスピード感の両方を身につけた渡辺だからこそ生み出せた作品ともいえそうだ。

今となっては、オールドファンを自認する人でも「日本郷土芸能研究会」や「民俗舞踊シリーズ」の存在を知る人は少なくなってしまった。だが、「日本郷土芸能研究会」の丹念な取材記録は学術的にも高く評価されており、そこから生み出された作品群も斬新なものだ。かつてタカラヅカがこのような価値ある活動をしていたということは、ファンとしても知っておいて損はないと思う。

「火の島」を見てみた

現在、「日本郷土芸能研究会」の膨大な取材記録は池田文庫に整理・保管されており、申請すれば誰でも閲覧することができる。「百聞は一見に如かず」ということで、一度見に行ってみることにした。

さっそく池田文庫に電話して問い合わせてみる。すると、まず「日本民俗芸能資料目録」から、閲覧したい映像をピックアップして欲しいと言われた。「日本民俗芸能資料目録」は全国の図書館などに配布されている。早稲田大学の演劇博物館にもあったので、閲覧してみた。Ａ４サイズで厚さは3センチ近くある。開いてみて驚いた。都道府県別のあらゆる民俗芸能を取材した記録がびっしりと一覧化されているのだ。その種別も、盆踊りや労作歌、地方の歌舞伎や文楽、お神楽など多岐にわたり、取材場所も「現地取材」「〇〇市文化センター」「××市中央公民館」など様々だ。

試しに我が故郷・山口県のページを見てみたが、山口県だけで80カ所も取材されている。よくぞこれだけ全国津々浦々まで取材したものだ。目録によると、取材した芸能の演目・曲目の登録は約７０００件に及ぶそうだ。日本だけでなく、世界各国の民俗芸能も取材されている。

取材だけではない、分類・整理にもとてつもない手間がかかっている。取材活動が行われた1960~70年代は、動画といえば8ミリフィルムという時代だ。残された記録は、8ミリフィルム約1200巻、録音テープ約1700巻、35ミリネガフィルム約13000コマ、スライドフィルム約5000枚、レポート約240冊という膨大なものだった。

こうしたフィルムや録音テープ、写真、記録メモなどの資料は三次にわたって分類、整理され、DVD化されているものもある。渡辺はこの分類・整理においても先頭に立ち、2008年に亡くなるまで作業を続けた。おかげで今、貴重な資料を誰もが簡単に閲覧することができる。目録の中から宝塚歌劇での上演記録資料を探し出し、「火の島」ほか何点かの閲覧の予約をしておいた。

2016年2月のある日、池田文庫を訪れると、予約しておいたDVDとDATテープが準備されていた。映像と音声は別撮りで、シンクロしているわけではない。プログラムの脚本(当時はプログラムに脚本全編が掲載されていた)にまず目を通し、おおよその流れを把握した後にDVD映像を見て、それからDATテープで音声を聴く。そうやって文字・映像・音声情報を脳内で合体させ、再生する作業が必要だった。

でも、タカラヅカファンならそれはできる。しかも、それだけで充分「これはすごい作品らしい」とわかってしまった。

以下、民俗舞踊シリーズ第４集　南九州編「火の島」の脳内実況レポートだ。

噴火音の中で開演アナウンスが流れる。※10「鹿児島地方で取材した……」との説明つきだ。幕開きは勇壮な「太鼓踊り」から始まる。これも「上山田の太鼓踊り」に「伊作の太鼓踊り」と、鹿児島県の２つの地方の太鼓踊りが再現されている。取材の成果である。

続いては娘役中心の「疱瘡踊り」。はしかや疱瘡の平癒を神に祈る踊りだ。そして再び男役による「棒踊り」。皆、頭にハチマキ、手には棒という出で立ちだ。

圧巻の序盤で「ツカミはオッケー」といったところ。ここで背景の桜島が大噴火する。

「どおーーーん……ドッカーーン!!」

「おはら節」「はんや節」の総踊りで賑やかに盛り上がる。

うって変わって、中盤はしみじみ、ちょっぴりコミカルに展開していく。都会から地元に帰ってきたらしい学生が、故郷を想い、種子島に伝わる「おっかんじょ」を歌う。当時のトップスター明石照子だ。頭に桜島大根を載せた素朴な薩摩おごじょたちの鹿児島弁が郷愁をそそる。「草切り節」の朗々とした歌声は淡路通子である。

続いては海辺で遊ぶ子どもたちと、卵を産みに来た大海亀との交流の一場だ。ここで種子島のわらべ歌も聴かせる。「来年もまた来いよぉ」と言って亀に焼酎を飲ませてやる光景が微笑ましい。


そして、舞台はフィナーレへ。ここでは牛相撲「斗牛」も再現される。ちなみに「斗牛」の牛や前の場面の大海亀役もプログラムに記載があり、牛の後ろ足に岸香織さんの名前があったのが懐かしかった。その後、沖永良部島《おきのえらぶじま》の「シュンガ・シュンガ」という曲も歌われる。

クライマックスは奄美大島の「八月踊り」だ。まず女たちの踊り、続く男たちの踊り。男声と女声での歌の掛け合い。太鼓に手拍子、「ハッハッ！」という掛け声。渡辺もプログラムに「まことに自由開放的で野生に満ちあふれています」と書いているが、まさにそのような雰囲気が伝わってくる。

徐々にテンポアップし、盛り上がりが最高潮に達したところに、突然の嵐。大合唱の中で幕だ。

公演時間は53分50秒。今のショーの時間とほぼ同じだ。緩急のある展開と、スピーディな場面転換で飽きさせない。「日本物ショーは退屈なもの」という先入観があっさり覆されそうだ。

驚いたのは、男声による合唱が要所要所で使われていたことだ。プログラムへの記載は見つからなかったが、音声を聞いた限り男声である。この時期、男性コーラスをバックに流すことは時々行われていたようなので、その一例なのだろう。実際に聴いてみると、これが意外に効果的なのだ。かつて宝塚への男性加入論が取り沙汰されたとき「男声があったほうが厚みが出る」という意見があったそうだが、それもわかる気がした。

火山、嵐といった自然現象も丁寧に描写され、牛やら海亀などの動物が登場するのも新鮮だった。[※11] 驚きの演出は見る者をあっと言わせ、ときに、しみじみと郷愁に誘う。そこにあるのは、膨大な取材に裏付けられた奥の深さ、そして、日本各地の多様な文化に対する温かな目線である。

「歌舞を羅列するだけのショーではなく、歌舞を通して、日本人の美意識や生命力を顕現したい」(『宝塚歌劇における民俗芸能と渡辺武雄』より)というのが、「民俗舞踊シリーズ」の意図であったという。1960～70年代といえば日本人の生活様式が急速に西洋化した時代だった。だからこそ、渡辺は次のようにも言っていた。

「宝塚の創始者小林一三先生が歌劇に夢を託したのは、日本女性が生活の中で培った美の文化伝統を、歌・踊・劇で磨き上げ、そこから世界に誇示する日本ならではの舞台芸術を創造することだった。そのために、生徒に洋を学びながら和を磨いて行く道を摂らせたのだが、それがだんだん逆になってきた。自分も洋舞の振付が専門だったが、今度の民俗舞踊シリーズによって、わたしなりに小林先生の志を実現させたいと思う」

（同書より）

「この『火の島』を雪組で再演したらどうだ？　早霧&咲妃のトップコンビは九州出身だし、ぴったりなのでは？」などという妄想に取りつかれながら、池田文庫を後にした私だった。

「ネオ日本物」の時代へ

１９７０年代の「ベルばらブーム」を経て80年代から90年代にかけて、タカラヅカの日本物上演数は減少の一途をたどる。

「ベルサイユのばら」が初演された1974年には、年間9作品もの日本物上演がある。[※12] この頃には「日本物」は主要な作品ラインナップのひとつだった。

80年代には少し減ってくるが、それでもまだ年間3本ぐらいは日本物が上演され、うちショーも毎年1本は上演されていた。それが90年代後半になると、日本物ショーは毎年コンスタントには上演されなくなり、大劇場での日本物の上演が1本もない年も出てくる。これには1995年の阪神淡路大震災の後は「客入りが芳しくない」とされる日本物のショーなどやっている余裕がなくなってしまったのだろう。

上演数が減ると、生徒の経験値も減るからクオリティは落ちる。「所作がラジオ体操みたい」「白塗りの化粧が化け物みたい」といったことになる。そうなると必然的に観客の評価も低くなり「日本物はつまらない」と言われる。公演は不入りとなり、「やはり日本物は集客が厳しい」となって、ますます公演数は減る……。

ここ10年程のタカラヅカの日本物は、そんな負のスパイラルに入り込んでいた感があった。かつての小林一三の志もどこへやら。日本物好きな私としては「タカラヅカも時代の流れには勝てないのか」と残念に思っていた。

しかし、ここに来て潮目が変わりつつある。ここ2〜3年だけで見てみると上演数は増えており、「日本物復活」の兆しがあるのだ。

きっかけは、壮一帆《そうかずほ》トップ時代の雪組だった。再演物の「若き日の唄は忘れじ」（2013年）「心中・恋の大和路」（2014年）が好評を博し、2014年夏、壮のサヨナラ公演「一夢庵《いちむあん》風流記・前田慶次」は「日本物も意外と面白いかも!?」という印象を与えた。

そして2015年、斬新なテイストが若いファンにも受けた「風の次郎吉」（花組）、名作「星影の人」の博多座での再演（雪組）の後、会心のヒット作「星逢一夜《ほしあいひとよ》」（雪組）が登場する。この作品は、「日本物であろうとなかろうと、いい作品はいい」ということをはっきりと示したと思う。

ここまでは何故か雪組での公演が多く、はからずも「日本物の雪組」の伝統が復活することにもなったが、その後は花組が「新源氏物語」を再演。絵巻物のような世界に観客は目をみはった。

そして2016年も、人気漫画の舞台化として注目を集めた「るろうに剣心」（雪組）の後に、織田信長を主人公とする「NOBUNAGA〈信長〉—下天の夢—」（月組）、幕末の薩摩藩を舞台にした「桜華に舞え」（星組）と日本物のオリジナル作品が続く。そして年末には宝塚舞踊詩「雪華抄《せっかしょう》」が花組で上演される。

日本物好きとしては、嬉しい流れである。しかし、何故このような変化が起こったのだろう？ふと思ったのは、ここ2～3年にわかに増えてきた日本物は、かつての日本物とは違うものなのではないか、ということだ。いわばこれまでとは一線を画する「ネオ日本物」である。

そして、その背景には日本人の生活や文化が完璧に欧米化してしまったということがあるのではないだろうか？

1970年代前半ぐらいまでは着物を日常着にする女性も珍しくなかった。テレビや映画では時代劇をしょっちゅうやっていたし、歌舞伎の人気作も庶民にとって馴染み深いものだった。この時代のタカラヅカの日本物は、そんな日本人の生活に根ざしたものだった。

やがて庶民の生活まで次第に欧米風になってきて、お正月や入学式といったハレの日でさえ着物はほとんど着なくなった。昔は、落語の「七段目」[※13]ばりに歌舞伎の名台詞を唸って聞かせる迷惑なおじさんも街中で見かけたそうだが、今やそんなおじさんも絶滅種である。こうして、タカラヅカの日本物も観客にとって本当に「古臭い」ものになってしまった。日本物の上演数が減少の一途をたどったのも必然だったといえるだろう。

ところが、パンを食べ、ベッドで眠るのが当たり前となった今、逆に「古き良き日本の文化」

が新鮮なものに見えてきた。かつては、古臭い日本文化よりハイカラな欧米文化のほうが上という意識が何となくあったが、そんなコンプレックスもだいぶ払拭された。「おフランス」に憧れを抱いてしまう世代も、私たちぐらいが最後になるのではないだろうか。

「ベルばら」以降のタカラヅカは次第に「虚実」でいうと「虚」の世界を描くのが得意な劇団になったが（詳細は第7の扉）、日本物の世界も今や「虚」の世界になった。平安時代や戦国時代、幕末の日本は、フランス革命時代のパリや世紀末のウィーンと同様、現実からはほど遠い世界だ。だとすると、これはタカラヅカの得意分野である。そして着物は、輪っかのドレスと同様の「普通は着ないけれど美しい衣装」の一種となった。

そんな背景の中で生まれてきたのが「ネオ日本物」ではないだろうか。観客の受け止め方も「日本物って初めて観たけど、何だか新鮮だし意外と面白い」といったところだろう。

ちょうどこの原稿を書いている最中の2016年4月29・30日、幕張メッセで開催された「ニコニコ超会議」で、超歌舞伎「今昔饗宴千本桜《はなくらべせんぼんざくら》」が上演されて話題を呼んだ。NTTの最新技術を駆使した映像を背景に、歌舞伎役者の中村獅童《しどう》とボーカロイドのキャラクター・初音《はつね》ミクが共演するという企画だ。私もニコニコ動画で生放送を視聴してみたが、獅童が歌舞伎ならではの見得を切るたびに「カッコいい！」という称賛コメントが流れまくっていた。

タカラヅカの日本物にも、今後はこういうテイストが取り込まれていくような気がする。実際、先に挙げた作品の作・演出は大野拓史《たくじ》、齋藤吉正《よしまさ》、上田久美子、原田諒《りょう》といった気鋭の若手だ。いわば、パンを食べてベッドで寝起きし、着物などほとんど着たことがない世代の作り手と演者が、今の感性とスピード感に基づいて生み出すのが「ネオ日本物」なのだ。

昔からのファンからは「最近は日本物のクオリティが落ちた」といった声もよく耳にする。だが、「ネオ日本物」は従来型の日本物とは一線を画す、いわば別物なわけだから当然といえば当然だ。

確かに、従来の日本物にあった魅力の一部（たとえば「はんなり」といった言葉で表現されるようなもの）はかなり抜け落ちてしまっているのだろう。それは必死の努力で補えるものではなく、日々の生活や接する文化の中で培われるものだからだ。それを「質の低下」とみなすか、あるいは「時代の流れの中の必然」とみなすかは難しい問題だと思う。

それでも、音楽学校のカリキュラムに日本舞踊があり、正装も緑の袴という宝塚歌劇団は、相対的にみると伝統的な和文化の継承に力を入れている劇団であることも間違いない。そんなタカラヅカが時代とうまく折り合いながら、これからどんな作品を生み出していくのか？　今、タカラヅカの「日本物」はとても興味深い節目に来ているのだと思う。

※1　慶応義塾大学藝文学会シンポジウム「タカラヅカ100年!」のために実施したアンケート。回答者は342名。うち女性が95%。

※2　宝塚少女歌劇創立時に小林一三により招聘され、生徒たちを指導した人物。第一回公演の実現に尽力し、「ドンブラコ」をやりましょうと提案したのも彼である。

※3　現在の幸四郎さんの祖父にあたる人だ。1905年に歌舞伎座で創作オペラ「露営の夢」が上演されたときに主演したのもこの人。第2の扉58頁も参照。

※4　春日野八千代は1929年入団だから、じつは天津のほうが11年も先輩だ。

※5　ちょうど同じ年に大阪の松竹楽劇部(後のOSK)でも「第一回春のおどり」が上演された。振付はこの時期松竹に引き抜かれていた楳茂都陸平。この公演は大阪中の評判となり、以後「春のおどり」はOSKの看板作品となっていく。

※6　朝日新聞デジタル・スターファイルでの壮一帆インタビュー(2016年4月8日)より。

※7　この一件についても渡辺裕氏の著書『日本文化モダン・ラプソディ』の中で、この時期の日本文化全般においてみられた「西洋直輸入派」と「和洋折衷派」の対決→「西洋直輸入派」の勝利という流れの象徴的な事例として紹介されている(第2の扉69頁参照)。

※8　詳しくは拙著『宝塚歌劇は「愛」をどう描いてきたか』も参照してください。

※9　「火の鳥」は1994年に花組で上演された、手塚治虫の漫画を題材としたショーである。

※10　この頃の開演アナウンスはトップスターではない。女性の声による、ごく普通の開演アナウンスだった。

※11　亀になったタカラジェンヌは「DRAGON NIGHT!!」(2015年)の龍真咲だけではなかったのだ!

※12　ただし、この頃はまだ公演期間が1カ月弱と短かったので、年間上演作品数自体も多い。

※13　「忠臣蔵」の七段目から来ている。落語にはこの「七段目」や「四段目」のように歌舞伎が好き過ぎる旦那や小僧が登場する。

西暦	和暦	タカラヅカのできごと	日本舞踊・日本物関連のできごと	世の中のできごと
1914 1920	大正3 大正9	大正3 宝塚少女歌劇養成会、第一回記念公演。 大正7 帝国劇場にて初の東京公演。／雑誌「歌劇」創刊。	大正3 9月24日、台北にて渡辺武雄、生まれる。 大正5 七代目松本幸四郎が「成功したる少女歌劇」を寄稿。 大正6 楳茂都陸平、20歳で宝塚に入団。	大正3 第一次世界大戦はじまる。 大正6 ロシア革命おこる。 大正7 立憲政友会の原敬が首相に。初の政党内閣。 大正8 パリ講和会議でヴェルサイユ条約が調印。
1921 1930	大正10 昭和5	大正10 月組、花組が誕生。／専属のオーケストラが設けられる。 大正13 雪組誕生。／宝塚大劇場が開場。 大正14 小林一三『日本歌劇概論』（増補三版）刊行。 昭和2 日本初のレビュー「モン・パリ」上演。 昭和3 専科制度の発足。 昭和5 大レビュー「パリゼット」上演。	大正10 タカラヅカで楳茂都「春から秋へ」が上演。「新舞踊」の代表作となる。 大正15 タカラヅカ初の日本物ショー「春のおどり（花）」が上演。／大阪松竹楽劇部が「春のおどり」を上演。大阪中の評判となる。 昭和3 天津乙女と滝川末子を舞踊の助教授に任命。	大正10 ワシントン会議。ワシントン体制による協調外交へ。 大正12 関東大震災。 大正14 普通選挙法が成立。／治安維持法が成立。 昭和2 金融恐慌。 昭和4 世界恐慌はじまる。
1931	昭和6	昭和8 星組誕生。レビュー「花詩集」上演。 昭和9 東京宝塚劇場が開場。／「宝塚女子友の会」発足。 昭和11 「宝塚グラフ」創刊 昭和12 ショー「マンハッタン・リズム」上演。	昭和6 楳茂都、この年から3年ほどヨーロッパ留学。 昭和8 天津乙女が「鏡獅子」初演。／日本舞踊専科が発足。 昭和9 楳茂都の宝塚凱旋公演、日本物レビュー「チャブ・チャブ・コント」が賛否両論に。	昭和6 満州事変はじまる。 昭和7 五・一五事件。 昭和8 国際連盟からの脱退。 昭和11 二・二六事件。 昭和12 盧溝橋事件発生。日中戦争へ。

1940 昭和15	昭和13 初の海外公演「独伊芸術使節」。	昭和13 日劇で秦豊吉の指導のもと「日本民族舞踊の研究」プロジェクトが開始。 昭和14 日劇で「琉球レビュー」上演。 昭和15 日劇で渡辺武雄が「燃ゆる大地（山の巻）台湾」を発表。	昭和13 国家総動員法が制定。 昭和14 第二次世界大戦がはじまる。 昭和15 大政翼賛会の結成。／日独伊三国同盟が締結。
1941 昭和16 1950 昭和25	昭和19 宝塚大劇場、東京宝塚劇場が閉鎖。 昭和20 「宝塚歌劇男子部」発足、第一期生入団。 昭和21 宝塚大劇場公演再開。		昭和16 12月8日、真珠湾攻撃。太平洋戦争はじまる。 昭和19 本土空襲の激化。 昭和20 沖縄戦。広島・長崎に原子爆弾が投下。／太平洋戦争の終結。 昭和21 日本国憲法が公布。 昭和25 朝鮮戦争はじまる。
1951 昭和26 1960 昭和35	昭和26 グランド・レビュー「虞美人」が初演。 昭和29 第一回「宝塚義太夫歌舞伎研究会」開催。 昭和30 米軍に接収されていた東京宝塚劇場（アーニーパイル劇場）が東宝に返還される。 昭和35 「華麗なる千拍子」芸術祭賞に。	昭和26 「河童まつり」上演。 昭和27 渡辺、宝塚歌劇団からアメリカ留学の辞令を受ける。 昭和33 「日本郷土芸能研究会」発足。民俗舞踊シリーズ第一集「鯨」（雪組）が上演される。／天津乙女、紫綬褒章を受賞。	昭和26 サンフランシスコ平和条約が調印。同日に、日米安全保障条約も調印される。 昭和31 流行語「もはや戦後ではない」
1961 昭和36 1970 昭和45	昭和42 初の海外ミュージカル「オクラホマ」上演。	昭和38 「虹のオルゴール工場」上演。	昭和39 東京オリンピック。 昭和40 アメリカが北ベトナム爆撃開始（ベトナム戦争）。 昭和43 東大安田講堂事件。 昭和44 アポロ11号が月面着陸。 昭和45 大阪万国博覧会が開催。

1971 1980	昭和46 昭和55	昭和49 「ベルサイユのばら」空前の大ヒット。 昭和52 「風と共に去りぬ」上演。 昭和53 宝塚バウホール開場。	昭和53 民族舞踊シリーズ第十四集　春の踊り「祭ファンタジー」上演。	昭和47 浅間山荘事件。 昭和48 第４次中東戦争。石油ショック起こる。／ベトナム戦争終結。 昭和50 新幹線が岡山から博多まで開通。

第6の扉

タカラヅカ×ミュージカル

タカラヅカ100年、ミュージカルも100年

ようやく「ミュージカル」の扉までたどりついた。今のタカラヅカの上演演目の半分は「ミュージカル」なのに……「遅いぞ！」と言われそうだ。

現在の宝塚大劇場・東京宝塚劇場での公演は、「芝居とショー」の二本立てで合計3時間（休憩含む）が基本だ。前半の「お芝居」とはもっぱらミュージカルのことで、タイトルにも「ミュージカル」という副題がつけられることが多い。だから「上演演目の半分はミュージカル」といえる。

また、最近のヒット作をみても、「エリザベート」（1996年初演）「スカーレット・ピンパーネル」（2008年初演）「ロミオとジュリエット」（2010年初演）など、ことごとく海外ミュージカルばかりである。

今やタカラヅカといえば「海外ミュージカルを上演している劇団」だと思っている人もいるかもしれない。それなのに今ごろになってようやく話に出てくるとは、これ如何に？

それは、タカラヅカ100年の歴史を振り返ると、ミュージカルが本格的に上演され始めたのは後半戦のことだからだ。創成期には「ミュージカル」なんてやっていなかった。いや、こ

の言い方も正確ではなくて、「ミュージカル」の歴史そのものがまだ浅いのだ。

この本を書いている２０１６年はミュージカルの大作・話題作が目白押しの一年だ。フレンチ・ロック・ミュージカル「１７８９」、２チームで真逆の結末を描いたのが斬新だった「グランドホテル」の再演。「ジャージー・ボーイズ」「キンキーブーツ」などブロードウェイの話題作の上陸。そして何といってもタカラヅカと東宝での「エリザベート」ダブル上演がある。

ミュージカルファンにとってはとてもハッピーな（しかしお財布にはとても厳しい）、嬉しい悲鳴の一年だ。今、私たちはこの幸せな状況を当たり前のように享受しているけれど、この状況だって一朝一夕でできあがったものではない。ここまで来るには試行錯誤の積み重ねがあった。

日本で小林一三が新時代の国民劇としての「歌劇」を模索していた頃、海の向こうのアメリカで新時代の「ミュージカル」が産声を上げようとしていた。タカラヅカ１００年に対し、ミュージカルの歴史もようやく１００年。いってしまえばタカラヅカとミュージカルは舞台芸術としては同年代ということだ。

日本へのミュージカル導入の過程、そしてミュージカルが「日本らしく」発展する過程のいずれにおいてもタカラヅカは深く関わり、貢献してきた。タカラヅカなくして日本のミュージカルの歩みは語れない。だから、この扉では「タカラヅカは如何にして本格派ミュージカルカンパニーになり得たのか」を、日本のミュージカルの歩みとともに振り返ってみたい。

これを知ると、観たい作品がもっと増えて、観劇ライフがますます充実したものになるかもしれない!?(ただし、チケット貧乏に注意である)

駆け足・ミュージカル史

そもそもミュージカルというのは、いつごろどうやって生まれ、どのようにして今のように洗練されていったのだろう?

オペラの軽めバージョンである「オペレッタ」にダンスシーンが次第に多く加わり、レビューからジャズ音楽まで当時流行した雑多なものを吸収しながらできあがっていったものがミュージカルである。……ものすごく簡単にいうとそんな感じだ。

ダンスシーンが加わったオペレッタとしては、2013年末に月組で北翔海莉《ほくしょうかいり》が主演した「THE MERRY WIDOW」が良い例だ。この作品にはフレンチカンカンの場面があったが、じつはこれ、1905年にウィーンのアン・デア・ウィーン劇場で初演された頃からの見どころだった。当時パリで流行っていた踊りを取入れた場面であり、女性がスカートをまくり足を上げると観客は大喜びだった。

オペラからオペレッタが生まれ、そのオペレッタにダンスシーンが増えていく。こうしてミュージカルと呼ばれるものの原型が次第にできあがっていった。そこにはもちろん、当時ヨーロッパで大流行していた「レビュー」の影響も加わっていく。

その背景には、貴族社会の崩壊という時代の流れがあった。芸術も「貴族のもの」から「市民のもの」になり、舞台もまた大衆が喜ぶものが求められるようになったのだ。[※1]

やがて、ミュージカル発展の舞台は、ヨーロッパから新興国アメリカへと移っていく。ここでさらに、当時アメリカで流行っていたミンストレル・ショーやヴォードヴィル、バーレスク[※2]などの要素を取り込み、音楽としてはジャズの影響も受けていくことになる。

今、ミュージカルと一口にいっても、オペラかと見まごうほど歌ばかりの作品もあればダンスメインの作品もあり、ドラマティックなものもあればストーリー性の薄いものもある。この多様性は、雑食により成長してきたミュージカルの成り立ちに由来するのだろう。

アメリカのブロードウェイで、ミュージカルの前身ともいえる「ジーグフェルド・フォーリーズ」[※3]などのレビューが多数上演され、最初の黄金時代を迎えたのが1910年代から20年代だ。ちょうどタカラヅカが生まれた時代である。

そして、初めて社会性のある本格的なストーリーが盛り込まれた作品として画期的だった「ショウボート」が上演されたのが1927年。タカラヅカで初のレビュー「モン・パリ」が上演されたのと同じ年だ。

その後のミュージカルの歴史をざっと追ってみると……。

まず、ハリウッドのフレッド・アステアがジンジャー・ロジャースとの名コンビで、次々とミュージカル映画を送り出したのが1930年代だ。映画「トップ・ハット」（1935年）もこの時期の代表作のひとつである。

やがてロジャース&ハマースタインが登場し、「オクラホマ！」（1943年）や「南太平洋」（1949年）「王様と私」（1951年）などの名作を生み出した。

次に活躍するのが、ハロルド・プリンスや[※4]ジェローム・ロビンズで、「ウエストサイド物語」（1957年）や「屋根の上のヴァイオリン弾き」（1967年）が、このコンビによって作られた。この他にも「マイ・フェア・レディ」（1956年）、「サウンド・オブ・ミュージック」

（１９５９年）、「ラ・マンチャの男」（１９６５年）など、日本でもおなじみのミュージカルの多くがこの時代に誕生している。

こうして１９５０～６０年代前半にかけて、ブロードウェイは黄金時代を迎えることになる。

初の国産ミュージカル「モルガンお雪」

そのウワサはもちろん日本にも聞こえてきていた。ここで再び、日劇ダンシングチームを育て上げた辣腕プロデューサー、秦豊吉の登場である。

商社マン時代にベルリンに赴任したこともあり、ヨーロッパの最新演劇事情に通じていた秦は、ミュージカルに潜む可能性を早くから感じ取っていた。日本で最初に「ミュージカル」という言葉を積極的に使ったのも秦だった。その著書『劇場二十年』（１９５５年）の中でも、「日本演劇の伝統と歴史が、歌舞伎劇によって保たれてきたように、今日に於て、これに代るものは、音楽による総合芸術としての、『ミュージカルス』であることを疑わない」と述べ、さらに、

「これに成功する人こそ、来るべき日本劇界の支配者である」
と予見している。

秦は戦後、公職追放に遭ったが、1950年9月にこれを解かれた後、11月には帝国劇場の社長に就任した。かねてから「日本でもコミックオペラ的なものを上演すべき」というのが持論であった秦は、1951年にさっそく「帝劇ミュージカルス」と称して「モルガンお雪」を上演した。これが国産ミュージカル第1号と呼ばれる作品だ。

祇園の芸妓・お雪とアメリカのモルガン財閥の御曹司との恋物語を描いた話で、お雪はこの頃まだタカラヅカに在団していた越路吹雪《こしじふぶき》、モルガンは人気の喜劇役者・古川ロッパだった。「モルガンお雪」は3カ月続演の大当たりとなった。だが、秦の評伝『行動する異端』（森彰英著）では、現存するプログラムを振り返った上で、この作品は現在の基準から見るとミュージカルと言えるものではないとしている。著者の比較対象は「ウエストサイド物語」や「マイ・フェア・レディ」だったようで、

「これらに比べると『モルガンお雪』は、芝居は芝居、歌は歌で、歌のために一場面をはめ込んでいるところもある。要するに、歌入り芝居に過ぎないのである」
と評している。

いったいどのような舞台だったのだろう？　本当にそんなに酷い舞台だったのだろうか？　私もこの目で確かめたくなって、プログラムが閲覧できる国会図書館に足を運んでみた。プログラムの表紙はお雪に扮した越路吹雪である。表紙をめくると、まず最初のページに英語でキャストとあらすじが記載されているのに驚いた。まだ日本がアメリカの占領下にあった時代だけに、アメリカ人の観客向けにこのようなページ構成とされたのだろう。

さらにページをめくると今度はヌード姿の女性の写真が3ページにわたって掲載されているのにまたまたびっくりである。どうやらこの3名も劇中で登場するらしい。巻末には「帝劇を美人劇場に」と題した秦の寄稿もあった。

プログラムの本文はタカラヅカのものに近く、出演者と簡単なあらすじが各場面ごとに記載されているから、舞台の様子はある程度想像できる。それによると、おおよそ次のような流れであったたらしい。

幕開きは、春の京都・祇園からだ。都おどりをきっかけに芸者お雪（越路）とモルガン（ロッパ）が出会う。ここで日劇ダンシングチームも登場、「都おどり」を見せる。二人は互いに惹かれ合うが、その様子はモルガンがお雪に「アイ・ラブ・ユー」という言葉を教える歌でコミ

「モルガンお雪」

カルに描かれる。

若い恋人・川島や祇園の旦那も振り切ってモルガンと一緒になる決意をするお雪。二人はヨーロッパへ新婚旅行に旅立つのだが、この旅の過程がショー形式で描かれる。エジプトの酒場の場面ではいきなり越路が舞姫に扮して出てくるし、パリの場面で見せるのはもちろんレビューだ。ラインダンスからルンバ、サンバ、ボレロ、マンボまで。もちろんここでも越路はショースターとして活躍する。「鏡の間」と称する場面もあり、先のヌードダンサーたちはここで登場するらしい。

盛り上がりのうちに一幕が終わり、二幕へ。幕開きは「サーカス」の場面からだ。といっても本物の猛獣が出てくるわけではなく、よくタカラヅカのショーでもあるような、男性の猛獣使いと「美しき猛獣」に扮した女性ダンサーたちの場面である。

そして物語はいきなり数年後へ。二人は南仏ニースの別荘に暮している。留学生としてフランスに来ている川島がお雪を訪ねてきて、昔話に花を咲かせているところに、アメリカに一時帰国していたモルガンの突然の訃報がもたらされる。嘆き悲しむお雪の胸に去来する懐かしき日本の光景で幕となる。

確かに、本筋とはおよそ関係のない歌や踊りのシーンが満載である。だが、ここから想像が膨らむ舞台の様子に、私は既視感を感じずにはいられなかった。そう、ひと昔前のタカラヅカの一本物芝居にそっくりだ。たとえば川上音二郎と貞を描いた「夜明けの序曲」（１９８２年・１９９９年に再演）を思い出す。[※5]

考えてみれば、ストーリーに無理やりこじつけたような唐突感のあるショー場面は、タカラヅカの舞台ではよく見かける。そもそもタカラヅカ名物のフィナーレがそうだ。ファンもすっかり慣れっこになっており、何の疑問も抱かずサービスシーンとして楽しんでしまうことができるが、冷静に考えればこうしたシーンは唐突なのかもしれない。

物語に関しても「モルガンお雪」は稚拙で、「ウエストサイド物語」や「マイ・フェア・レディ」のような社会への問題提起があるわけでもない。だが、日米の国境を越えた純愛物語はわかりやすく、祇園の都おどりからパリ風のレビュー（しかもヌードダンサー付き！）まで楽しめるとあっては、当時の日本人・アメリカ人双方の観客にきっと受けたに違いない。

この「モルガンお雪」は元祖和製ミュージカルであるといわれるが、じつはこれも突然実現できたわけではない。その前段階には戦前に小林一三のもとで始められた「東宝国民劇」[※6]があったし、さらに遡ると、浅草レビューから発祥した「アチャラカ」と呼ばれるドタバタ喜劇もあった。日本のミュージカルにも、こうした雑多な前史があったのだ。

秦は志半ばにして1956年早世してしまったが、この流れは菊田一夫が引き継いでいくことになる。菊田一夫といえば国民的大ヒットとなったラジオドラマ「君の名は」の作者として有名だが、じつは日本のミュージカルの育ての親でもある。

1955年に東宝の演劇担当取締役に就任した菊田は、翌年に「東宝ミュージカル」を始めている。第1回作品は「恋すれど恋すれど物語」。これまた一見ミュージカルのイメージとはほど遠い「理屈抜きに笑える大アチャラカ」であったと、菊田自身が言っている。

このとき菊田は「ミュージカル」と名付けるのは日本ではまだ早いと思っていたようだが、小林一三は、「かまわんから東宝ミュージカルという名称をつけろ。その方がいまのお客の心にぴったりくる」と言った。抵抗を感じる菊田に対し、さらに一三は「一つの呼び名だと考えればいいのではないか」とも言ったらしい（『菊田一夫　芝居つくり四十年』）。さすが一三翁、大胆な発想だ。「ミュージカル」という言葉は、こうして日本に種撒かれていったのだ。

「東宝ミュージカル」の誕生

ところがこの後、日本のミュージカルは「海外ミュージカルの上演」へと舵を切り、国産のミュージカルは影が薄くなっていく。「作り手」も「演じ手」も人材がそろわない中、とりあえずブロードウェイから優れた作品を輸入してしまえば「作り手」不在の問題は手っ取り早く解決してしまうことになる。

菊田一夫の指揮のもと、日本初のブロードウェイ・ミュージカル「マイ・フェア・レディ」が東京宝塚劇場で上演されたのは、1963年9月のことだ。

ちなみに、その直後の10月には、お隣に日生劇場が開場するが、この日生劇場の取締役に大抜擢され、運営に深く関わるようになるのが若き日の浅利慶太と石原慎太郎だった（1971年に解任）。「この新しい劇場を単なる貸し小屋にするのはもったいない。自主運営して意義ある活動をすべきだ」との提言を耳にした東急グループのオーナー・五島昇が2人を推薦したのだ。

このときの浅利は弱冠30歳。すでに劇団四季を立ち上げていたが、このころの四季はストレートプレイ中心の劇団で、まだミュージカルは手掛けていない。日生劇場で翌1964年に行われた「ウエストサイド物語」の来日公演が、後に浅利が四季で海外ミュージカルを積極的に手がけることになるきっかけになるわけだが、それはまた後ほど。

1966年9月には帝国劇場が立て替えられ、今の建物が完成する。そして、「屋根の上のヴァイオリン弾き」（1967年）や「ラ・マンチャの男」（1969年）など、今も再演され続けているブロードウェイ・ミュージカルのヒット作が「東宝ミュージカル」として上演されるようになった。現在のイメージの「東宝ミュージカル」はこの時期に始まったといえる。

少し話はそれるが、ここらでやはり「帝劇」のことを語ってみたいと思う。

帝劇こと帝国劇場は、今のミュージカルファンにとっては「聖地」のようなイメージの劇場だろう。役者にとってもそうで、初めて帝劇のミュージカルに出演する人は製作発表の場で必ずといっていいほど「あの帝劇の舞台に立てるのは光栄」とコメントするのがお約束だ。

観客にとっても役者にとっても、帝劇は今も特別な場所だ。だが、その歴史を振り返ってみると意外にも紆余曲折、苦難の道程を経てきた劇場だということがわかる。

帝劇が誕生したのは明治時代も終わろうとする1911年。ちょうど宝塚少女歌劇が創立する3年ほど前のことだ。その背景には西欧諸国と一日も早く肩を並べるための「演劇改良運動」（18頁）があった。日本初の本格的洋式劇場であった帝劇に課された使命は「外国人向けに日本の伝統芸能を紹介すること」「劇場経営の模範となること」、そして「舞台芸術発展の本拠となること」だった。

この使命を果たすべく、帝劇では歌舞伎、オペラ、バレエ、新劇など、あらゆるジャンルの作品の上演が試みられてきた。ローシー・オペラが大失敗に終わったことは第2の扉（61頁）でも紹介したが、日本で初めて女優が本格的に活躍する「女優劇」が行われたのも開場まもない帝劇でのことだし、戦後、バレエ「白鳥の湖」の日本初の全幕上演が行われた（第4の扉140頁）のも帝劇だった。

だが、新たな挑戦を続けるということは、経営が安定しないというリスクを抱えるということにもつながる。

しかも「帝国劇場」と称しつつ、帝劇は国営ではないから税金が投じられているわけでもない。もともとは「演劇改良運動」に関心の高い財界人有志の協力によってスタートした劇場だった。その後、1930年には松竹が10年の賃貸契約を締結、経営権も松竹に移る。だが、演劇興行に苦戦した松竹は、ほどなく映画興行を開始し、1931年11月から1940年2月までは洋画封切館となった。

その10年後の1940年、今度は小林一三が帝劇の株を買収し、東宝の傘下に入ることとなる。東宝のもと、帝劇では演劇興行が再開されることとなった。

このとき松竹は「引き続き松竹に貸して欲しい」と交渉したが、一三は「理想通りの経営をやってみたいと考えているから、期限後は私達にやらせてほしい」と突っぱねている。一三にとっても帝劇は、リスクを抱えても運営を手がけてみたい「特別な場所」だったのだろう。

その後は現在まで、東宝が帝劇の運営を手がけている。じつはタカラヅカもお世話になっている劇場だ。まず1918年の初の東京公演が帝国劇場だった。「宝塚少女歌劇が帝劇で公演！」これは随分と名誉なことだったようだ。その後、1934年に東京宝塚劇場ができるまでの東京公演は帝劇でも行われているし、戦後、東京宝塚劇場（アーニー・パイル劇場）が米軍に接収されている間も東京公演は帝劇で行われていた。

1950年に帝劇の社長に就任した秦豊吉は、その時の心持ちについて、

「私はここで一切の欲望を捨て、この小さな古ぼけた劇場に一生の最後の力を注ぎ、貧乏をし

ても、ここで死ぬことが出来れば、人は何と言おうが、劇場人としては満足だと思った」
（『劇場二十年』）

と書き記している。秦は「小さな古ぼけた劇場」だった帝劇の玄関にシャンデリアをつけ、椅子も真紅の大型のものに変え、場内の広告板を廃し、壁紙などの色彩を統一していった。

１９５５年、東京宝塚劇場の返還と入れ違いに、帝劇は演劇興業を打ち切り再びシネラマ専門館となった。その後10年ほど、帝劇は映画館として使われていた。

そして１９６４年に建物が取り壊され、１９６６年に現在の帝国劇場が開場、再び「劇場」としての復活を果たす。そして、東宝ミュージカルの時代が始まるのだ。

脱「ヅカ調」を目指した菊田一夫

さて、この間タカラヅカは何をしていたのか？　もちろん、ミュージカル隆盛の兆しをウォッチしていないはずはない。

タカラヅカが「ミュージカル」と称した作品を初めて上演したのは戦前だ。１９２８年のミュージカル・プレー「ハレムの宮殿」が最初らしい。その後も1930年代は「ミュージカル」と称した作品が散見される。戦後は1948年のミュージカル・プレイ「ハリウッドに栄光あれ」が最初のようだ。これは秦豊吉の「帝劇ミュージカルス」よりも前になる。

もっともこの頃はまだ「ミュージカル」という言葉は観客にはまだなじみのものではなかった。1951年に上演された大ヒット作「虞美人」だって、今からするとどう見ても「ミュージカル」なのだが、「グランド・レビュー」と銘打たれているのもそのためである。また、お芝居中心の作品としては「歌劇」や「オペレッタ」もまだ上演されていた。

だが、その後1950年代後半には早くも「ミュージカル」と称した演目が増え、それとともに事実上のミュージカルを「グランド・レビュー」と言い換えてしまうことはなくなっていく。1960年代には「ミュージカル」と称する演目が完全に主流となる。入れ違いに「歌劇」や「オペレッタ」と称される作品は消えていった。

第一回公演「ドンブラコ」以来の伝統であるお伽歌劇からの流れなのか、ミュージカル・コメディ「文福茶釜」（1951年）、ミュージカル・ファンタジイ「新・竹取物語」（1960年）といった作品も上演されている。1968年にはミュージカル・プレイ「一寸法師」という作品もあり、雪組の汀夏子《みぎわなつこ》が一寸法師を演じている。

ここで注意したいのは、タカラヅカとしては別にこの時代に上演作品の内容がガラッと変わったわけではなさそうだということだ。「歌あり踊りありのお芝居」を上演してきたことは変わりない。それを最初は「オペレッタ」と称し「レビュー」と称してきたが、ここにきてようやく「ミュージカル」というぴったりの言い方が出てきたから、そう称するようになった、という感覚ではないだろうか。

日本でも東宝国民劇や帝劇ミュージカルスで「和製ミュージカル」を生み出そうという試みはあったが、この流れはいったん途切れてしまい、結局、ブロードウェイのミュージカルを輸入する形で再スタートを切った。ところが、唯一タカラヅカだけが、歌劇、オペレッタ、レビュー上演の積み重ねの延長としての「ミュージカル」を創り出してきた。「オペレッタからミュージカルへ」という、元々のミュージカルがたどってきたのと同じような道程を歩んできているのがタカラヅカである。これは特筆すべきことではないかと思う。

こうして、外の世界でブロードウェイ・ミュージカルの上演がどれほど増えても、タカラヅカはオリジナルミュージカルをせっせと量産し続けていくことになる。演出家の高木史朗が「和製ミュージカルをつくること」に熱意を燃やしていたのは第5の扉（177頁）で紹介したとおりだが、この他にも座付作家たちが様々な作品を生み出していった。

中でも、この時期のタカラヅカに大きな影響を及ぼしたのが、先に出てきた菊田一夫だ。菊田は宝塚歌劇団の座付ではなかったが、「ジャワの踊り子」（1952年）「ダル・レークの恋」（1959年）「花のオランダ坂」（1962年）「霧深きエルベのほとり」（1963年）など、オールドファンにとっては思い出深い名作をこの時期に数多く提供している。

「ミュージカル・ロマンス」と銘打たれたこれらの作品は、激動の時代の中で出会った男女が愛に殉じていく話であり、恋愛結婚に憧れる女性ファンの心をわしづかみにした（詳しくは拙著『宝塚歌劇は「愛」をどう描いてきたか』をご覧あれ）。そのいっぽうで菊田は社会問題にも常に目を向け、タカラヅカ作品においても問題提起をし続けることを忘れなかった。タカラヅカでの菊田作品は「地に足のついた純愛物語」だった。

この過程で菊田が残した功績、それは、タカラジェンヌを「女優」として育てたことだ。いや、男役に「女優」はヘンだから「タカラジェンヌを『役者』として育てた」というべきか。

1952年に初演された「ジャワの踊り子」では、インドネシア独立運動に命を賭けた男と、彼への愛に生きた女の悲劇が描かれた。これを演じ切った生徒たちを見た小林一三は、この「芝居がかった」作品をやり遂げられるかどうか当初心配したが「その心配は無用であつた事を嬉しいと思ふ」（『歌劇』1952年11月号）と記している。裏を返すと、もともとレビューガールと見なされていたタカラジェンヌに、深みのあるお芝居ができるとは思われていなかったということだ。

菊田自身も、それまでの白井レビュー時代のタカラヅカに関して、「『ヅカ調』のアマイ芝居」という言い方をしている。菊田はその「ヅカ調」からの脱却を目指した。そしてタカラジェンヌは、人間性の本質に迫るドラマチックな菊田作品を演じることで、「役者」としての経験を積み、成長を遂げたのだ。

だが、この方向性には批判もあったらしい。『歌劇』1965年1月号では「51年目の宝塚にのぞむこと」と題した、各新聞社の演劇記者による座談会が行われているが、ここでは「女性同士で映画さながらのラブシーンをやるのは無理」「宝塚でそれをやる必要はない」という、今からすると驚きの論調で話が進んでいる。ここで暗に槍玉に挙げられているのは菊田作品のようだ。どうやらこの時代は、昔ながらのレビューを好むオールドファンと、菊田作品に見られる純愛ドラマに胸をときめかせる若いファンとの間に相当のギャップがあったらしい。

ここで思い出すのが、第3の扉（114頁）で触れた松竹歌劇団（ＳＫＤ）解散前のエピソードだ。1989年に松竹から突然の公演中止を言い渡され、ミュージカル劇団への転換をはかることになったとき、団員が「レビューからミュージカル劇団に転換したら男役はいらなくなるのでは?」との危機感を抱いたという。

これが不思議だったのだが、考えてみればミュージカルにおいては「歌」「踊り」に加えて「芝居」の三拍子がそろうことが求められる。これは男役においても然りだ。タカラジェンヌは菊田作品などの豊富なオリジナル・ミュージカル体験によって、「芝居」という第三の武器を強化することができ、「男役」としてもいっそう磨きがかかったのではないか。

結局これが、その後のタカラヅカがミュージカル劇団として飛躍的なジャンプを遂げるためのホップ・ステップになっていたのではないかと思うのだ。

「オクラホマ!」への挑戦

1967年、タカラヅカもいよいよ海外ミュージカルに挑戦する。演目はロジャース&ハマースタインのデビュー作「オクラホマ!」だった。帝劇で「屋根の上のヴァイオリン弾き」や「ラ・マンチャの男」がヒットした頃、そして日生劇場で「ウエストサイド物語」の来日公演が実現した頃である。

海外ミュージカルの上演というと、今ではタカラヅカの十八番のように思えるが、当時は大変なことだった。そもそも、この時代にも根強く男性加入論があり、[※7]「女性だけの劇団で本格的な海外ミュージカルなんてムリ」という認識もあった。演出・振付のためにアメリカから招かれたデ・ラップ女史は「タカラヅカの男役」ではなく「リアルな男」の演技を要求し、日焼けした西部の男を表現するために普段と違う茶褐色のドーラン化粧をさせたという。

お稽古の様子はいったいどんな風だったのだろう？『歌劇』1967年7月号の座談会の記事をみると、冒頭がいきなりこんな会話から始まる。

記者「(デ・ラップさんに)来日する時の心境をざっくばらんにいって頂きたいのですが」
デ・ラップ「その時はオープンに言って、別に何とも思いませんでした」

あまりにドライな物言いにびっくりしてしまうが、出演者たちはそんなデ・ラップ女史の指導に素直に耳を傾け、懸命に付いていったらしい。健気な様子が座談会から伝わってくる。「国民意識で負けてはならじ、とがんばる」という気持ちもあったようだ(『歌劇』1971年1月号組長座談会)。

ちなみに、同じ号の『歌劇』にデ・ラップ女史の人となりを紹介するコラムが掲載されているが、その見出しが「三業夫人」である。つまり「よき芸術家でありよき妻でありよき母であるデ・ラップ女史」というわけだ。そんなコラムがわざわざ掲載されてしまうところも時代を感じさせる。

オーディションによる配役の決定も話題のひとつだった。結果的に主役の4人はいずれも当時のトップスター、トップ娘役クラスが占めてしまったので「オーディションの意味があったのか」との批判もあったが、それでも月組のトップ娘役的立場にあり、順当にいけばヒロインのローリー役になりそうな八汐路《やしおじ》まりがアド・アニー（2006年再演版で夢咲ねねが演じた役だ）にキャスティングされたことなどはオーディションの成果だった。実際、八汐路のアド・アニーは新境地を開いたということで高い評価を受けた。

スタニスラフスキー・システムに基づいた演技指導や、群衆芝居のあり方などから、出演者たちは大きな刺激を受けた。観客からも「今迄のヅカ調なる歌の節回し、振付、演出方と全く変わったこの作品は以後語り伝えられる事だろう」（『歌劇』1967年8月号「高声低声」）と評価されている。先の菊田一夫の言葉といい、「ヅカ調からの脱却」は60年代タカラヅカのひとつのテーマであったらしい。

ひとつ面白かったのが、客席でのファンの態度も違っていたという点だ。この時代はまだ「かけ声」は禁止されておらず、むしろ「人気のバロメーター」と認識され、歌やセリフが聞こえなくなるほどうるさかったようだ。ところが、この作品に限ってはそんな「かけ声」がピタリと止み、拍手喝采だけが送られたというのだ。「海外ミュージカル」というだけで衿を正してしまう、ファンの側にもそんな意識があったのかもしれない。

観客からの評価は二分されたようだ。「女性だけの劇団でも海外ミュージカルができることを世に示した」「生徒たちには貴重な経験になった」と新たな挑戦を評価する声があるいっぽうで、「西部の荒くれ男の出るミュージカルはタカラヅカに合わない」「フィナーレがないのは淋しい」という声もあった。

今後も海外ミュージカルはやって欲しいが「作品選びは慎重に」「演出は自前で」というのが大方の結論であったようだ。だが、「自前の演出」が実現するまでにはまだ時間がかかることになる。

ところで、海外ミュージカル第1作として何故「オクラホマ!」が選ばれたのだろう?「オクラホマ!」といえば、2006年にも轟悠《とどろきゆう》主演で再演されているが、じつに他愛ない話というか、率直にいうと少し古臭いというか……「再演ものだし、仕方ないよね」とたかをくくってご覧になった人も多いのでは？

ブロードウェイでの初演が１９４３年だから、タカラヅカでの初演時すでに24年も前の作品だったのだ。「海外ミュージカル第一作目として、『ミュージカルの古典』ともいわれる作品を選択した」との理解もあったが、上演当時の観客からもすでに「時代遅れ」との声も出ていたようだ。

気になったので、その後タカラヅカで上演された主な海外ミュージカルについても、それぞれの初演を調べてみた。

「ウエストサイド物語」（１９６８年）　→　１９５７年ブロードウェイ初演
「回転木馬」（１９６９年）　→　１９４５年ブロードウェイ初演
「ブリガドーン」（１９７４年）　→　１９４７年ブロードウェイ初演
「ガイズ＆ドールズ」（１９８４年）　→　１９５０年ブロードウェイ初演
「ME AND MY GIRL」（１９８７年）　→　１９３７年ロンドン初演
「グランドホテル」（１９９３年）　→　１９８９年ブロードウェイ初演

こうしてみると「ＭＥ ＡＮＤ ＭＹ ＧＩＲＬ」あたりまでのタカラヅカの海外ミュージカルは、古き良き名作を持ってきて上演するパターンであったことがわかる。「ウエストサイド物語」は比較的新しい※8が、それでもブロードウェイ初演はタカラヅカ初演の10年以上前だ。

これが１９９３年に月組のトップスター涼風真世《すずかぜまよ》のサヨナラ公演として上演された「グランドホテル」になると、４年前の１９８９年にブロードウェイで初演され、トニー賞５部門を獲得した話題作をすぐに上演している。しかも、ブロードウェイ版を演出したトミー・チューンを招聘し、タカラヅカ版も演出してもらっている※9。

こんなところにも進化の兆しが見てとれる。海外ミュージカル上演の際の縁の下の力持ちとして版権交渉の仕事があるが、「オクラホマ！」の頃は当たって砕けろの直接交渉で大変だったらしい。うまく版権が取れたものを上演した、というのが実情だったのだろう。

その後、日本にも海外ミュージカルの版権を専門に取り扱う会社ができたりして、交渉も以前より楽に行えるようになった。もちろん、タカラヅカ自体の知名度が海外でも上がり、公演実績も知られるようになってきたことも、交渉を容易にする材料となったことだろう。

「四季」そして「レミゼ」

「オクラホマ！」に続き、「ウエストサイド物語」（1968年）「回転木馬」（1969年）と、タカラヅカは立て続けに3本の海外ミュージカルを上演した。演出はいずれも海外からの招聘だった。ファンからは「次回こそは宝塚内部での演出を」という声が根強かったが、叶わなかった。

「回転木馬」が上演された1969年、海外ミュージカル上演に熱心だった小林米三理事長が急逝した。翌1970年は大阪万博が開催された年だが、1月の『歌劇』で新理事長の荒木秀雄は、

「万博に来た外国人にわざわざお国のミュージカルを見せることもないし、ブロードウエイ・ミュージカルはがっちりそのままやらねばなりませんから二本立興行というわけにもゆかない。今年はやれませんね」

と語っている。つまりこの頃のタカラヅカにとって、海外ミュージカルは「がっちりそのままやらねばならない」非常に制約の多いものだったということだ。当然、小池修一郎のようなタカラヅカ流「潤色」など許されようはずもない。

結局、タカラヅカの海外ミュージカル熱はここでいったん途切れることになる。1984年

の「ガイズ&ドールズ」までの間は「ブリガドーン」があるだけで、ぽっかりと間が空いている。

その後、タカラヅカとしては「お久しぶり」の海外ミュージカルとなったのが、大地真央・黒木瞳の月組トップコンビで初演された「ガイズ&ドールズ」だ。当時の『歌劇』（1984年11月号）にも、海外ミュージカルの上演は「宝塚大劇場では5本目、『ブリガドーン』以来10年ぶり」とある。この間のタカラヅカはいったい何をしていたのかというと、「ベルサイユのばら」「風と共に去りぬ」といった宝塚グランドロマンで沸いていたのだった。


この間、ミュージカル、とりわけ海外ミュージカルの上演で大躍進した劇団がある。そう、言わずとしれた「劇団四季」である。

だが、このような書き方をすると、四季ファンの方々からはお叱りを受けてしまうかもしれない。というのも、もともと「四季」は新劇の改革を目指す学生劇団からスタートしているからだ。「新劇」とは歌舞伎を指す「旧劇」に対する言葉で、主にヨーロッパの近代演劇を模範にした演劇だった。

「四季」の創立は1953年7月14日。慶應と東大の学生たちによって旗揚げされた。「劇界に革命を起こそう！」と、フランス革命が始まった7月14日を創立の日とするところにも若者らしい気概が感じられる。

劇団名も、もともとの団員の希望は「荒地」であったという。これが「四季」になったのは、当時団員たちの指導者的立場にあった俳優の芥川比呂志が「君たちが四十代になった時、『劇団荒地』じゃサマにならないだろ」という賢明なるアドバイスのおかげだ。確かに「劇団荒地」では、現在の「四季劇場・春」や「秋」の誕生もありえなかったことになる。

そんな経緯で誕生した劇団が、日本を代表するミュージカル劇団へと変貌していったのは何故か？　これは一言で語り尽くせることではないだろうけれど、浅利慶太にとっての大きな転機が、先ほど紹介した「ウエストサイド物語」の海外公演であったことは間違いない。

「ウエストサイド物語」は、もともとミュージカル嫌いだったという浅利の価値観を一変させた作品だった。当時、日生劇場の制作・営業担当取締役だった浅利は、この素晴らしいミュージカルを何としても日本に紹介しようと、招聘のために奔走した。浅利は当時を振り返って、

「この時期日本人の手になる、少しインチキな（失礼）ミュージカルは多かったが、本物は日本で公演されていなかった」

（『時の光の中で』）

と述懐している。ここでいうインチキミュージカルとは東宝がやっていたミュージカルのことなのかなとも思うが、浅利としては、日本人にも海外の「本物」に触れて欲しいという思いが

強かったのだろう。

浅利自身、１９６４年に実現したこの公演を20回も観たらしい。このとき受けた感動と、何度も観ることで学びとった技法が、「ミュージカル劇団としての劇団四季の出発点」となったのだった。

１９７２年には「アプローズ」で海外ミュージカルに挑戦し、成功を収める。だが、このとき主演したのはタカラヅカ出身の越路吹雪だった。つまり、この頃の四季はまだ劇団員のみで海外ミュージカルを上演することができなかったのだ。以降、「目指せ『ピュア四季』」が劇団内での合い言葉となり、歌って踊って芝居もできる、そして海外ミュージカルの舞台でセンターに立てる人材の育成に力を入れることになる。

翌年、アンドリュー・ロイド＝ウェバーの「ジーザス・クライスト・スーパースター」を上演して大ヒットさせたことも、四季の大きな転機の一つとなる。「ジーザス…」が開幕した直後の１９７１年11月に、たまたま浅利がロンドンを訪問しており、この画期的な作品の情報をいち早くキャッチしたのがきっかけだったというからすごい偶然だ。以後、「エビータ」（１９８２年）、「キャッツ」（１９８３年）、「オペラ座の怪人」（１９８８年）と、四季はロイド＝ウェバー作品を次々と上演し、ヒットさせていく。

中でも「キャッツ」の上演は大きな賭けだった。なにしろ西新宿に専用のキャッツ・シアターまで建設してしまったのである。制作費のかかる海外ミュージカルで採算を取るにはロングランが必要不可欠だ。だが、劇場がない。ならば思い切って仮設の専用劇場を作ってしまおうという決断だったが、桁違いのお金がかかる。「キャッツ」は創立30周年記念と銘打たれた公演だったが、浅利としてはもはや「失敗したら30年の美しい歴史に幕を降ろせばいい」(『時の光の中で』)というぐらいの心持ちだったようだ。

だが、この「当たって砕けろ」的姿勢が多くの協力者を集め、東京公演は大成功。さらに、大阪、名古屋、福岡、そして北海道へと全国にも展開していった。こうして四季は「海外ミュージカルを日本人キャストで上演できる劇団」として全国にその名を馳せることになる。

改めて振り返ってみると、1980年代というのは日本にようやく「ミュージカル」が根付き始め、演じる側も観る側も成長著しい時代だったのだなあと思う。

タカラヅカでも1987年に「ME AND MY GIRL」が大ヒットし、前代未聞の続演までされているが、同じ年に東宝ミュージカルでも日本のミュージカル史を変える大作が上演された。

それは「レミゼ」こと「レ・ミゼラブル」。１９８５年にロンドンのウエストエンドで初演され、ほどなくの日本初演だ。

「レ・ミゼラブル」は今や、日本のミュージカルファンに最も愛される演目のひとつだ。初演から約30年、「レミゼ」が日本のミュージカル俳優を育て、ミュージカルファンをも育てたといってもいい。私自身、幸いにもこの作品を初演に近い頃から観ているので、そのことを身を以て実感してきた。

初めて「レミゼ」を観たとき、マリウス役が野口五郎だったことが正直残念だったのをよく覚えている。ファンの方には申し訳ないけれど……野口五郎といえばテレビの歌謡曲の人というイメージが強かったからだ。「この美味しい二枚目役に相応しい舞台役者が日本にはいないということか」そう思うと哀しかったのだ。

そんな初演時に比べると、この30年の間でミュージカル俳優の層は厚くなった。今、ミュージカルから役者としてのキャリアをスタートさせる人も珍しくなくなったし、東京芸大声楽科の出身者にとってミュージカルの世界も将来の選択肢のひとつである。

１９９４年に「レミゼ」が再演されたときは夢中になった。ジャン・バルジャンが滝田栄と鹿賀丈史のダブルキャストで、２バージョンのＣＤが出ていたが、両方買って聞き込み、さらに楽譜まで買ってしまった。アンジョルラス役者として岡幸二郎が彗星のように現われたのはこのときだった。

一つの作品にあれほど入れ込んだのは初めての経験だった。おそらく私と同様に「レミゼ」に熱狂した人はたくさんいただろう。しかもその頃には、「もっと色々な海外ミュージカルを観てみたい！」と思ったとき、ロングラン・システムを取る劇団四季に足を運べばその願いを気軽に叶えることができた。

こうして観客側も経験値を積み、ミュージカルなるものを味わう姿勢を身につけていったのだ。かつて初の海外ミュージカルを上演した頃のタカラヅカは、歌が聞こえなくなるほどの「かけ声」が大きな問題だったというが、これも今からすると信じられない話だ。「歌を聴かずして何の意味がある？（歌上手のスターの場合はとくに）」というのが今のファンの普通の感覚だろう。タカラヅカの「かけ声」は１９８０年代以降はすっかり影をひそめた。これは自粛によるものとされるが、その背景には「海外ミュージカル」に鍛えられ、観客の姿勢が変わったこともあるのではないかと思う。

客席の側にも目や耳の肥えた「ミュージカルファン」なる層が育っていった。これが来るべき「エリザベート」大ヒットの土壌になっていくことになる。

「エリザベート」開幕！

1996年2月、雪組公演「エリザベート」が開幕した。1992年にウィーンで初演され、話題になっていた作品の鳴り物入りの上演である。

潤色・演出は小池修一郎。キャストは、トートが一路真輝《いちろまき》、エリザベートが花總《はなふさ》まり、フランツ・ヨーゼフが高嶺《たかね》ふぶき、ルキーニが轟悠、ルドルフが香寿《こうじゅ》たつき（東京公演では和央《わお》ようか）だった。※10

初日が開いて4日目の2月19日（月）、私は宝塚大劇場にこの作品を観に行った。宝塚友の会で当たった1階9列84番。幕開き、轟悠演じるルイジ・ルキーニが銀橋に走り出てきた瞬間のことは今でも忘れられない。背後の舞台セットも暗く不気味で、それまでのタカラヅカのイメージとまったく違っていた。

まるで雷に打たれたような衝撃の観劇体験だった。新大阪から東京に戻る新幹線の車中、2時間半ずっと震えが止まらなかった。いちいち大げさな表現になってしまうが、本当にそうだったのだ。

いてもたってもいられなくなった私、千秋楽近くに再び観に行っている。3月19日（火）の

13時公演と翌20日（水・祝）の11時公演。当時の私はれっきとした会社員だったはずなのに、いったい何をやっていたのか？　しかし、そこまで観客を突き動かす力がこの作品にはあった。

失礼ながら「タカラヅカもここまでできるのか！」というのが一番の驚きだった。それまでの私は、子どもの時分からのファンでありながら心のどこかで「しょせん若い女の子のシロウト劇団」とあなどっていた。だが、「エリザベート」でそれが完全に払拭された。「これからのタカラヅカは何かが違う」、そんな期待がにわかに膨らんできた。

今思えば、私が受けたそんな衝撃こそが、「エリザベート」がタカラヅカの歴史を塗り替えた理由の核心だった。いつの間にかタカラヅカは、難易度の高い海外ミュージカルも消化できる素地を十分に備えた劇団に育っていた。「エリザベート」はそのことをはっきりと示したのだ。観客側にも、そんなタカラヅカ版「エリザベート」を評価できるミュージカルファン層が育っていた。演じる側と観る側、双方にとって機が熟したタイミングで飛び込んで来たのが「エリザベート」だった。そして「ベルばら」以来久しぶりの話題作となっていく。

その後のタカラヅカが「ファントム」（2004年）、「スカーレット・ピンパーネル」（2008年）、「ロミオとジュリエット」（2010年）と、海外ミュージカルで次々とヒットを飛ばしてきているのはご存知のとおり。タカラヅカはもはや「女性ばかりの特殊な劇団」ではない、名実ともに日本のミュージカル界を語るときになくてはならない存在となった。

タカラヅカ版「エリザベート」にはもうひとつ、重要な注目ポイントがある。それは、もとのウィーン版から大胆に改変されているという点だ。ウィーン版はタイトルロールのエリザベートが主人公であり、彼女の生涯を描いた作品だが、タカラヅカ版は死の神トートを主人公に据え、エリザベートとトートとの愛憎の物語としている。

「エリザベート」はタカラヅカ流の大胆な「潤色」が本格的にほどこされた最初の海外ミュージカルだった。その意味でもエポックメイキングな作品である。

「潤色」という言葉が目につくようになったのは、この「エリザベート」の時からのように思うが、『広辞苑』でその意味を確認してみたところ、

「表面をつくろい飾ること。特に物語・話題などを、面白く作りかえること。潤飾」

とあった。小池修一郎氏は海外ミュージカルを手がけるとき「潤色・演出」と称しているが、これは「日本の観客向けにわかりやすく面白く作りかえること」こそが自身の役割と心得ておられるからなのだろう。

それができるようになった背景には、宝塚歌劇団の実績が世界に認められたということもあ

る。そうでなければ「潤色」など許されるはずもない。デ・ラップ女史の言うがままにするしかなかった「オクラホマ！」の時代とは隔世の感がある。

この「エリザベート」は2000年より東宝ミュージカルでも上演されている。東宝版初演では、タカラヅカ版初演でトートを演じた一路真輝がエリザベート役を演じた。トートは山口祐一郎と内野聖陽《せいよう》のダブルキャスト、フランツ・ヨーゼフに鈴木綜馬《そうま》（現・壮麻）、ルキーニに高嶋政宏、そして、ルドルフ役で鮮烈なデビューを飾ったのが井上芳雄だった。

東宝版はタカラヅカ版と違って、エリザベートが主人公である。演出もウィーン版に近く、たとえばラストシーンで、トートとエリザベートがス

もっとリアルな男を目指して!!
本場ミュージカルの演出をするデ・ラップ
潤色を楽しむ小池修一郎
いいぞ!! もっとやれー

モークの中で昇天していったりはしない。死の神トートはエリザベートの亡骸を棺桶におさめてしまう。それでもやっぱりトート閣下は「愛と死の輪舞《ロンド》」を歌うし、エリザベートへの愛に苦悶する姿はタカラヅカ版に近い。もとのウィーン版に近づけつつ、タカラヅカ版の甘みも加えて、日本人向けにマイルドに仕上げてある。

ここで再び、第1の扉（15頁）で紹介した、「国民劇」の7条件を思い出してみよう。

1. 音楽がある。
2. 唄がある。
3. 踊りがある。
4. 台詞が唄によって語られる。
5. 扮装や動き、場面が絵画的である。
6. 2500年の長い歴史を題材とする。
7. 役者と観客がともに娯楽的な雰囲気にある。

これは江戸時代の歌舞伎が満たしていた条件であり、小林一三が目指した「国民劇」の7条件でもあるが……この条件、「レ・ミゼラブル」や「エリザベート」にも当てはまりそうだ。唯一気になるのは日本ではなくフランスやオーストリアの話だというところだが、「歴史を題材としている」という点では当てはまっているということで、一三理想の「国民劇」にかなり近づいたといっていいのでは？

現在の帝劇はもっぱら大作ミュージカルの上演で話題を振りまいている。開場から100年余り、帝劇はようやくそのハコに似合う中身を得たように思えるのだが、この様子を一三さんが見たらどう思われるだろうか？

オリジナル・ミュージカルの発信源として

ここで改めて、「ミュージカル」という言葉を『広辞苑』で引いてみると、「アメリカで発達した大衆舞台芸術の一分野。オペレッタの流れを汲み、アメリカ独特のショー形式やポピュラー・ソングの要素を加えた総合的性格を持つ音楽舞踊劇」とある。このうちの前半部分を重視して、アメリカ生まれのものこそ「本物のミュージカル」ととらえるべきなのだろうか？　それとも前半部分は読み流し、歌とダンスとお芝居が融合した形式自体をミュージカルと呼べばいいのだろうか？

これまでの日本では、前者の考え方、つまりアメリカ産のブロードウェイ・ミュージカルをはじめとした海外ミュージカルこそが「本物のミュージカル」ととらえる向きが多かったし、この感覚は今も残っている。

この考え方に徹しているのが劇団四季だ。「キャッツ」も「オペラ座の怪人」も、「ライオンキング」も、海外ミュージカルをオリジナルに忠実に上演している。観客の側にも「海外ミュージカルこそホンモノ!?」という意識があるから、有名な海外ミュージカルを日本語で上演してくれて、しかも安定したクオリティの舞台を常に見せてくれる四季は、ありがたい存在だった。

これに対し、一貫して後者の考え方を取ってきたのがタカラヅカだ。そもそも、タカラヅカにおけるミュージカルの歴史はオリジナル・ミュージカルの制作から始まっている。オペレッタから「ミュージカル」を育て上げてきたのは日本ではタカラヅカだけだ。お伽話のミュージカル化しかり、高木史朗言うところの「和製ミュージカル」しかりだ。「激情　―ホセとカルメン―」(1999年初演)や「哀しみのコルドバ」(1985年初演)など再演を重ねる名作も、「星逢一夜」(2015年)や「舞音―MANON―」「Shakespeare」(2016年)などの最近の作品も、すべて「ミュージカル」と称している。

初めて海外ミュージカルを上演したときは、さすがのタカラヅカも「海外ミュージカルこそホンモノ」という考え方にはあらがえず、「ホンモノ」を改変することは許されなかった。しかし、その壁も「エリザベート」以降は崩れた。タカラヅカは海外ミュージカルでさえも、日本の観客の口に合うように自在に料理する術を覚えた。

これは一見、小池修一郎という演出家個人の才覚に負うもののようにも思える。だが、それ以前の長年のオリジナル・ミュージカル上演経験の積み重ねがなければ実現しなかっただろう。

「日本ではオリジナル・ミュージカルが生まれにくい」と嘆く声も多いが、よくよく考えると、宝塚歌劇には数多のオリジナル・ミュージカル上演の実績がある。それは「女性ばかりの劇団」「ベルばら」といった特殊イメージの影に隠れて見逃されてきたことだが、タカラヅカこそオリジナル・ミュージカルの宝庫であり、日本で一番オリジナル・ミュージカルを生み出す力を備えた劇団といっていいのでは？

現に今、海外ミュージカルの潤色バージョンをまずタカラヅカで上演し、それから外部でも上演して成功するという流れが生まれつつある。「エリザベート」しかり「ロミオとジュリエット」しかり、そして２０１６年４月に帝劇で上演された「１７８９」もそうだ。[※11] いずれも、日本人の観客に合うような改変をほどこして上演されている。

今後は、タカラヅカ発のオリジナル・ミュージカルが外部でも上演されるという流れもできていいのでは？　そんなことを考えていたら、ミュージカル「グレート・ギャツビー」の２０１７年５月上演が発表され、この流れも実現する見通しとなった。タカラヅカでも３回ほど再演されてきた人気作だが、今回の主演はミュージカル界のプリンス・井上芳雄だ。

個人的な希望としては、「月雲の皇子」（２０１３年月組）などは男女混合による骨太な舞台としても観てみたいものだ。

※1　ちなみに、「翼ある人びと」（2014年宙組）は、こうした流れの中での芸術家たちの煩悶を描いた作品だった。

※2　「ミンストレル・ショー」は顔を黒く塗った白人によって演じられたショーで、1840年代に流行した。「ヴォードヴィル」とは1890年代から1920年代にかけて流行った歌、踊り、寸劇を組み合わせたショーのこと。「バーレスク」はこのうちストリップ・ショーも交えたもの。

※3　「華やかなりし日々」（2012年宙組）は「ジーグフェルド・フォーリーズ」の人気に翳《かげ》りが出てきた頃の話だった。金に困ったフローレンツ・ジーグフェルド（悠未ひろ）は詐欺師のロナウド（大空祐飛）に騙されてしまう。

※4　2015年、柚希礼音も出演したミュージカル「プリンス・オブ・ブロードウェイ」でその足跡が描かれた。

※5　この「夜明けの序曲」にもモルガンお雪が少しだけ登場する。演じたのは日舞の名手・松本悠里だ。

※6　「東宝国民劇」の第1回公演は1941年、東京宝塚劇場で上演された「エノケン竜宮へ行く」。作・演出は白井鐵造。戦争のため第8回公演「桃太郎」（1943年）で幕を閉じた。演出家の高木史朗は「もし戦争がなく、あのまま東宝国民劇が発展していったならば、宝塚自体も日本のショウビジネスの世界も、今と全く違ったものになっていたに違いない」（『レヴューの王様』）と言っている。

※7　『歌劇』1966年7月号にて小林米三理事長は、「宝塚の責任者は『男性加入は絶対にしません』と宣言せよ」というファンからの要望に応え、「私は男性を入れた新しい宝塚歌劇団を作ろうとは思っておりません」と述べている。

※8　じつは劇団四季での初演（1974年）よりタカラヅカの方が先である！

※9　「グランドホテル」は2017年1月、月組・珠城りょうのトップお披露目公演として再演される。

※10　2016年の東宝「エリザベート」では、かつて皇太子ルドルフだった香寿がゾフィー（ルドルフには祖母にあたる）を演じている。20年の時の経過を感じる変化だが、そのいっぽうで20年前と同じエリザベート役を演じ、さらなる磨きをかけている花總まりは驚異的な存在だ。

※11　「ロミオとジュリエット」は2010年に宝塚歌劇団が初演、2011年に「ロミオ&ジュリエット」として赤坂ACTシアター・梅田芸術劇場にて上演。「1789」は2015年に宝塚歌劇団が初演している。いずれもフランス発のミュージカルで、潤色・演出は小池修一郎だ。

西暦	和暦	タカラヅカのできごと	ミュージカルのできごと	世の中のできごと
1911 1920	明治44 大正9	明治44 宝塚新温泉営業開始。 大正3 宝塚少女歌劇養成会、第一回記念公演。 大正7 帝国劇場にて初の東京公演。／雑誌「歌劇」創刊。	明治44 帝国劇場が開場。	明治44 関税自主権の回復。／女性のみの文学雑誌「青鞜」創刊。 大正3 第一次世界大戦はじまる。 大正6 ロシア革命おこる。 大正7 立憲政友会の原敬が首相に。初の政党内閣。 大正8 パリ講和会議でヴェルサイユ条約が調印。
1921 1930	大正10 昭和5	大正10 月組、花組が誕生。／専属のオーケストラが設けられる。 大正13 雪組誕生。／宝塚大劇場が開場。 大正14 小林一三『日本歌劇概論』（増補三版）刊行。 昭和2 日本初のレビュー「モン・パリ」上演。 昭和3 専科制度の発足。 昭和5 大レビュー「パリゼット」上演。	大正15 ブロードウェイ最初の黄金時代（1926～27）。この頃フローレンツ・ジーグフェルドが活躍した。 昭和2 初の本格的なストーリーのあるミュージカル「ショウボート」初演。 昭和5 帝国劇場の経営権が松竹に移る。	大正10 ワシントン会議。ワシントン体制による協調外交へ。 大正12 関東大震災。 大正14 普通選挙法が成立。／治安維持法が成立。 昭和2 金融恐慌。 昭和4 世界恐慌はじまる。
1931	昭和6	昭和8 星組誕生。レビュー「花詩集」上演。 昭和9 東京宝塚劇場が開場。「宝塚女子友の会」発足。 昭和11 「宝塚グラフ」創刊 昭和12 ショー「マンハッタン・リズム」上演。	昭和8 ロジャース&アステアの黄金時代。1933～39年の間にハリウッドにて9本の映画で共演。 昭和10 映画「トップ・ハット」公開。	昭和6 満州事変はじまる。 昭和7 五・一五事件。 昭和8 国際連盟からの脱退。 昭和11 二・二六事件。 昭和12 盧溝橋事件発生。日中戦争へ。

1940 昭和15	昭和13 初の海外公演「独伊芸術使節」。	昭和15 帝国劇場、東宝の傘下に。	昭和13 国家総動員法が制定。 昭和14 第二次世界大戦がはじまる。 昭和15 大政翼賛会の結成。／日独伊三国同盟が締結。
1941 昭和16 ～ 1950 昭和25	昭和19 宝塚大劇場、東京宝塚劇場が閉鎖。 昭和20 「宝塚歌劇男子部」発足、第一期生入団。 昭和21 宝塚大劇場公演再開。	昭和16 東宝国民劇第1回公演「エノケン龍宮に行く」上演。 昭和18 ブロードウェイで「オクラホマ!」初演。 昭和20 ロジャース&ハマースタイン「回転木馬」初演。 昭和24 ロジャース&ハマースタイン「南太平洋」初演。	昭和16 12月8日、真珠湾攻撃。太平洋戦争はじまる。 昭和19 本土空襲の激化。 昭和20 沖縄戦。広島・長崎に原子爆弾投下。／太平洋戦争の終結。 昭和21 日本国憲法が公布。 昭和25 朝鮮戦争はじまる。
1951 昭和26 ～ 1960 昭和35	昭和26 グランド・レビュー「虞美人」が初演。 昭和29 第一回「宝塚義太夫歌舞伎研究会」開催。 昭和30 米軍に接収されていた東京宝塚劇場（アーニーパイル劇場）が東宝に返還される。 昭和33 日本郷土芸能研究会が発足。民俗舞踊シリーズ第一集「鯨」上演。 昭和35 「華麗なる千拍子」芸術祭賞に。	昭和26 第1回帝劇ミュージカルス公演「モルガンお雪」が開幕。／ロジャース&ハマースタイン「王様と私」初演。 昭和29 帝劇が演劇興業を打ち切り、翌年よりシネラマ専門館となる。 昭和30 菊田一夫、小林一三に招かれて東宝取締役になる。 昭和31 秦豊吉、逝去。／第1回東宝ミュージカルス「恋すれど恋すれど物語」上演。／ブロードウェイで「マイ・フェア・レディ」初演。 昭和32 ブロードウェイで「ウエストサイド物語」初演。 昭和34 ブロードウェイで「サウンド・オブ・ミュージック」初演。	昭和26 サンフランシスコ平和条約が調印。同日に、日米安全保障条約も調印される。 昭和31 流行語「もはや戦後ではない」

1961 1970	昭和36 昭和45	昭和42 初の海外ミュージカル「オクラホマ!」上演。	昭和38 東京宝塚劇場にて日本初のブロードウェイミュージカル「マイ・フェア・レディ」が上演。／日生劇場が開場、浅利慶太らが取締役に。 昭和39 日生劇場にて「ウエストサイド物語」来日公演。／ブロードウェイで「屋根の上のヴァイオリン弾き」初演。 昭和41 現在の帝国劇場が開場。 昭和42 帝劇にて東宝ミュージカル「屋根の上のヴァイオリン弾き」上演。／ブロードウェイで初のロック・ミュージカル「ヘアー」上演 昭和44 帝劇にて東宝ミュージカル「ラ・マンチャの男」上演。	昭和39 東京オリンピック。 昭和40 アメリカが北ベトナム爆撃開始（ベトナム戦争） 昭和43 東大安田講堂事件。 昭和44 アポロ11号が月面着陸。 昭和45 大阪万国博覧会が開催。
1971 1980	昭和46 昭和55	昭和49 「ベルサイユのばら」空前の大ヒット。 昭和52 「風と共に去りぬ」上演。 昭和53 宝塚バウホール開場。	昭和46 ロンドン・ウエストエンドにて「ジーザス・クライスト・スーパースター」初演。 昭和47 劇団四季が「アプローズ」を上演。 昭和48 菊田一夫、逝去。／劇団四季「ジーザス・クライスト・スーパースター」を上演して大ヒット。 昭和50 ブロードウェイで「コーラスライン」初演。 昭和54 劇団四季「コーラスライン」を日生劇場で初演。ロングランする。	昭和47 浅間山荘事件。 昭和48 第4次中東戦争。石油ショック起こる。／ベトナム戦争終結。 昭和50 新幹線が岡山から博多まで開通。 昭和54 イラン・イラク戦争。
1981	昭和56		昭和56 ロンドンで「キャッツ」初演。 昭和58 劇団四季、西新宿のキャッツ・シアターにて「キャッツ」を初演。 昭和60 ロンドンで「レ・ミゼラブル」が上演され大ヒット。 昭和61 ロンドンで「オペラ座の怪人」初演。	昭和60 男女雇用機会均等法の成立。

1990	平成2		昭和62「レ・ミゼラブル」第41回トニー賞で最優秀ミュージカル賞ほか8部門受賞。／同年、日本でも初演。 昭和63 劇団四季「オペラ座の怪人」を初演。 平成1 ロンドンで「ミス・サイゴン」初演。	平成2 東西ドイツ統一。／バブル崩壊。
1991	平成3	平成4 旧・宝塚大劇場が68年の歴史に幕。 平成5 新・宝塚大劇場オープン。	平成4 ウィーンで「エリザベート」初演。	平成3 ソビエト連邦の消滅。
2000	平成12	平成8「エリザベート」雪組で初演。 平成9 旧・東京宝塚劇場が建替えのため閉館に。 平成10 宙組誕生。／宝塚1000days劇場での公演開始。	平成6 ブロードウェイで「美女と野獣」初演。 平成7 劇団四季の赤坂ミュージカル劇場が「美女と野獣」で開場。 平成8「ブロードウェイで「レント」が初演される。 平成10 浜松町に四季劇場「春」「秋」が開場。／ブロードウェイで「ライオンキング」初演。／フランスで「ノートルダム・ド・パリ」初演。	平成7 阪神淡路大震災。Windows95の発売。
2001	平成13	平成13 新・東京宝塚劇場オープン。 平成14 CS放送「タカラヅカ・スカイ・ステージ」開局。 平成16「ファントム」初演。	平成13 フランスで「ロミオとジュリエット」初演。 平成14 電通四季劇場「海」がオープン。	平成13 アメリカ同時多発テロ。
2010	平成22	平成20「スカーレット・ピンパーネル」初演。 平成22「ロミオとジュリエット」初演。		平成20 リーマン・ショック。iPhone3Gが日本で発売になる。
2011	平成23		平成23「ロミオ&ジュリエット」赤坂ACTシアターで上演。 平成24 フランスで「1789」初演。	平成23 東日本大震災。
2016	平成28	平成25 第1回台湾公演。 平成26 宝塚歌劇100周年。 平成27「1789」初演。	平成28 帝劇で「1789」上演。	

第7の扉

タカラヅカ×2.5次元ミュージカル

何故ここで「2・5次元ミュージカル」？

ここ最近「2・5次元」なる言葉が注目を集めている。ここでいう「2次元」とは漫画やアニメ、ゲームなどの世界のことであり、「3次元」が現実の人間界のことだ。「2・5次元」とは、その間に存在する世界のこと。いわば「バーチャルとリアルの狭間」である。

なぜ今、「2・5次元」が受けるのだろう？　漫画やアニメ、ゲーム（つまり2次元）の世界に人間が入り込むことは不可能だが、2・5次元の世界なら入り込めるかもしれないと感じさせる。だから、現実の世界（つまり3次元）に疲弊した現代人の心を惹き付けるのかもしれない。「2・5次元」の世界に存在するとされるものには、コスプレやフィギュア、アニメの声優などがある。「2・5次元ミュージカル」もそのひとつだ。「2次元で描かれた漫画・アニメ・ゲームなどの世界を、舞台コンテンツとしてショー化したものの総称」（「日本2・5次元ミュージカル協会」公式サイトより）である。[※1]

そんなものを歌舞伎やオペラ、バレエなどと同列に並べるのはどうなのよ！　と思われる方もあるかもしれないけれど、若い世代と外国人観光客の間での人気と存在感は圧倒的なものだ。「るろうに剣心」（2016年）など、昨今のタカラヅカで話題になる演目にも2・5次元ミュージカルは多い。今や2·5次元ミュージカルを抜きにして、日本の舞台は語れない。

それに何やらこの動き、単なる一過性の流行ではない、じつは演劇の歴史においても大きな変化といえるのではないかと感じている。だから、本書の最後の扉は「2·5次元ミュージカル」でいこうと思う。

始まりは「ベルばら」から

この2·5次元ミュージカルの元祖が、タカラヅカの「ベルサイユのばら」だという話がある。

2014年3月、2·5次元ミュージカルの世界発信を目指して「一般社団法人日本2·5次元ミュージカル協会」が発足したが、この協会パンフレットの中で「漫画アニメミュージカルの沿革」の一番最初に紹介されているのが、何を隠そう「ベルサイユのばら」なのだ。

今やタカラヅカの代名詞ともいわれる「ベルサイユのばら」だが、私自身は「ベルばらブーム」をリアルに体験できていない世代なので、その凄さを本当のところはよくわかっていないのかもしれない。いったいこのとき、タカラヅカでどんなことが起こっていたのだろう?

「ベルサイユのばら」初演の幕が開いたのは1974年8月29日。だが、先に決まっていたのは「『ベルサイユのばら』を上演する」ことではなく、「9月の月組公演に長谷川一夫が演出に加わる」ということの方だった。同年1月号の『歌劇』でも、理事長が「後半、月組に長谷川一夫先生の演出をお願いしたいと考えています」と述べているだけで、上演予定作品として「ベルサイユのばら」の名前は出てこない。

長谷川一夫といえばもともと歌舞伎界の出身で、時代劇の人気俳優として一世を風靡した人だ。どんな作品の演出をお願いしようかというとき、まず考えられたのは当然時代物だった。だが、そこで話題の劇画「ベルサイユのばら」を舞台化してはどうだろうという話が持ち上がり、長谷川も快諾したというわけだ（第1の扉29頁）。

初演版の「ベルサイユのばら」は3部構成で、第1部でマリー・アントワネットとフェルゼン、そしてオスカルの秘めた想いが描かれ、第2部では革命で命を落とすオスカルとアンドレが、第3部でアントワネットの最期が描かれる。これまで上演されてきたあらゆるバージョンの「ベルばら」の中で最も原作に忠実だともいわれている。

「オスカルとアンドレ編」といった副題も付いていないが、あえていえば主役はアントワネットだろう。配役は、マリー・アントワネットが初風諄《はつかぜじゅん》、フェルゼンが大滝子《だいたきこ》、そしてオスカルが榛名由梨《はるなゆり》だった。

上演が決まってからは物議をかもした。原作ファンからは「あのスラリとしたスタイルを、日本人が再現できるわけがない」「私のオスカル様のイメージを壊さないでっ！」といったクレームが相次ぎ、劇団にカミソリまで送られてきたこともあったとか。

だが、少しでも劇画に近づけるようにという、出演者たちの懸命な努力が実り、ふたを開けてみれば大成功となった。当時の『歌劇』には「ベルばら」がきっかけでタカラヅカファンになった人からの投稿も掲載されている。圧倒的な人気はやはり、榛名由梨が演じたオスカルだったようで、

「（観劇の日から）二日間は何も考えることができず、夜明けの五時前に目が覚め、朝まで榛名さんのスチールをポーとして眺めたり。おかげで宿題も手につかないありさま」

「あのオスカル様に心ひかれました。榛名由梨さん……この方が一番ステキでした。原作のオスカルをあそこまでやれたのだから。本当は見るまで心配で心配でたまりませんでした。私の大好きなオスカル様がめちゃめちゃになりはしないかと。でも、違いました。榛名さんはオス

カルそのままでした。いえそれ以上、以来私はショウチャンファン。※2 これからもどうかがんばって下さいネ！」

（以上、『歌劇』1974年10月号「高声低声」より）

こうした投稿を読むと、2016年の雪組公演「るろうに剣心」の大詰めで、月城《つきしろ》かなと演じる四乃森蒼紫《しのもりあおし》が客席に駆け下りて来たとき「きゃ〜〜‼」と黄色い声をあげている人たちと何ら変わらないなと思ってしまう。

出待ちにおいても「ねえ、オスカルまだ出て来ない？」「フェルゼンが来たわよ！」「私、ジェローデルが出てくるまで絶対帰らないから」といった会話がなされていたらしい。出演者たちも気を使い、フェルゼン役の大滝子は日舞のお稽古の日に普段なら着物で楽屋入りするところ、「フェルゼンが浴衣なんて着たらイメージを壊すから」と、洋服で楽屋入りして稽古場で浴衣に着替えていたそうだ。

やはりベルばらこそが元祖「2.5次元ミュージカル」であったのだと納得するエピソードである。だが、昨今のタカラヅカの2.5次元ミュージカル系作品と大きく違うのは、「長年のタカラヅカファンも同時に喜ばせた」ということだ。

「原作ファンは喜ぶが、長年のタカラヅカファンの評価は微妙」というのが、このところの2·5次元ミュージカルを上演した際の典型的な反応だ。「この作品で新たなファンが増えるのなら……」とじっと我慢して見守ってしまうのがタカラヅカファンの健気なところである。

ところが、「ベルサイユのばら」では「久方ぶりのいかにも『宝塚らしい』舞台を堪能した」「宝塚には毎月来ているのに、今月、やっと本当の『宝塚』をみつけたような気がします」（『歌劇』1974年10月号「高声低声」）といった声がタカラヅカファンからも多数寄せられている。タカラヅカの恒常的課題である「新規ファンの獲得」にも大成功しつつ、従来からのタカラヅカファンも大満足させたのだから、やはり「ベルばら」というのは大した作品だったのだ。

「久々のタカラヅカらしい作品」という声は出演者たちも同感だったようで、同じ号の『歌劇』の出演者たちによる対談にも、以下のようなやりとりがみられる。

榛名「久々にきらびやかで豪華で驚いた」

初風「新人公演観て又きれいでびっくりしてね（笑）。久しぶりの宝塚、私達が観て憧れてた頃のそんな感じがしたワ」

月組初演の大成功を受け、翌1975年には花組と雪組でオスカルとアンドレの物語に絞ったパターンを再演、さらにその翌年の1976年には星組でフェルゼンとアントワネットを中心としたパターンが再演された。[※3]

このときは「これが最後のベルばら」と銘打って公演が行われたため、ファンの熱狂もエスカレートし、初日の当日券が買えなかった人のために急遽舞台稽古が公開されたり、タカラヅカ初の「追加公演」が行われたりしたというから驚きだ。こうしてタカラヅカでは1974年9月から3年の間、「ベルばら祭り」的な状況が続いていたわけだ。

菊田一夫の人間味あふれる「ミュージカル・ロマンス」の名作が生み出されるいっぽうで、「女性だけでは無理」といわれた海外ミュージカルにも果敢に挑戦した1960年代は「甘いヅカ調」からの脱却が課題だった。だが、ここに来て夢いっぱいの「甘いお芝居」が戻ってきた。しかもそれは「ヅカ調」はクリアした、よりハイレベルな「甘いお芝居」だった。そして、ファンはそれを大歓迎した。

非常に大雑把な言い方をすれば、「ベルばら」前のタカラヅカは「虚」（白井レビューの世界）から「実」（リアルな芝居への模索）に向かおうとしていた。それに対する反動、つまり「実」を再び「虚」に引き戻したのが「ベルばら」だったのだ。

虚の世界とはいってみれば「夢の世界」のことだ。タカラヅカが再び「夢の世界」に舞い戻ってきた。しかも60年代までの模索で歌やダンス、芝居の力を蓄積したタカラヅカは、ワンランク上の「夢の世界」を提供できるようになっていた。それが「ベルばら」が示したことだったのではないだろうか。

原作派 vs ミュージカル派

話を「2.5次元ミュージカル」に戻そう。今「2.5次元ミュージカル」といわれている作品にはどのようなものがあるのだろう？

2.5次元ミュージカルの代表作として筆頭に挙げられるのが、「テニミュ」ことミュージカル「テニスの王子様」だ。原作は『週刊少年ジャンプ』の人気漫画で、青春学園テニス部の面々が大会で強豪校を次々と破り、全国制覇する物語だ。舞台では全国大会決勝までの主な試合を順次上演する。２００３年に１ｓｔシーズンがスタート。１ｓｔシーズンが終わり２ｎｄシーズンが始まったのが２０１１年。そして２０１５年からは３ｒｄシーズンが始まっている。

これまでタカラヅカがミュージカル女優育成の場といわれてきたが、今はこのテニミュが若手イケメン俳優の登竜門になっている。ミュージカル界で活躍する人も増えており、最近は一作品に一人はテニミュ出身者が出演しているといった状況だ。

２０１６年４月に帝劇で開幕したミュージカル「１７８９」に至っては、革命に身を投じる主人公の青年ロナンに加藤和樹（Ｗキャスト）、革命家ロベスピエールに古川雄大《ゆうた》、デムーランに渡辺大輔、そしてフェルゼンに広瀬友祐《ゆうすけ》と主要な二枚目役をテニミュ陣が占めた。

昨今はタカラヅカ出身者の2.5次元ミュージカル作品への進出も進んでいる。たとえば、ミュージカル「美少女戦士セーラームーン」（１９９３年初演、通称セラミュ）では、ヒロインを守る恋人「タキシード仮面」こと地場衛《ちばまもる》を元・宙組トップスター大和悠河《やまとゆうが》がタカラヅカ時代さながらに演じている。

ライブ・スペクタクル「ＮＡＲＵＴＯ－ナルト－」（２０１５年初演）には、主人公ナルトの宿敵・大蛇丸《おろちまる》役として悠未《ゆうみ》ひろが出演している。この大蛇丸、妖艶かつ残虐、しかも性別は男だがオネエ言葉で話すというキャラクターだ。在団中も「逆転裁判」シリーズのエッジワース検事役（ゲームでは御剣怜侍《みつるぎれいじ》）で人気を博し、タカラヅカ一の長身を誇った悠未ならではの役どころで、水を得た魚の如き活躍ぶりだ。

果たしてこれらの作品は、いわゆる「ミュージカル」と別ジャンルなのだろうか？　ミュージカルの中の一種に過ぎないのでは？　本書の「第6の扉」とわざわざ別立てにして語るべき世界なのだろうか？　そんな疑問がわいてくる。

この点に関して、「テニスの王子様」（テニミュ）の大ファンであり2·5次元ミュージカル全般に詳しい人が面白いことを言っていた。彼女は「2·5次元ミュージカルは、いわゆるミュージカルとは別ジャンルとして存在しうるものです！」と断言する。そして、たとえばミュージカル「デスノート」は「2·5次元ミュージカルとはいえない。あれは『ミュージカル』」なのだそうだ。

2015年に上演されたミュージカル「デスノート」は、『週刊少年ジャンプ』に連載された人気漫画を舞台化したものだから、日本2·5次元ミュージカル協会の定義からすると、まぎれもない「2·5次元ミュージカル」である。

この作品では、「スカーレット・ピンパーネル」「ジキルとハイド」などで知られるフランク・ワイルドホーンが楽曲を手がけ、抜群の歌唱力を誇る濱田めぐみが死神レム役に配されたことなどが、ミュージカルファンを惹き付けた。だが、彼女にいわせれば、それこそが「2·5次元ミュージカル」とは言えない理由だ。つまり「ミュージカル」の手法で作られている、だから「2･5次元ミュージカル」とは認める必要がないのだという。

「2･5次元ミュージカル」において大切にされなければならないこと、それは「原作に忠実であること」だ。原作漫画をまるきり同じように再現するのは難しいにしても、少なくとも原作で表現されている世界観が一番大切に考えられなければならない。

ミュージカルの世界において「歌が上手いこと」は絶対的な価値だ。ところが、彼女いわく2･5次元ミュージカルの世界においては、それさえも二の次でよい。極論すると、「歌なんか全然上手くなさそう」なキャラクターであれば、歌が得意でない役者が配されても正解になりうる。キャスティングにおいて一番大切にされるべきことは、歌やダンス、演技力以上に、その役者が「原作キャラクターの種を持っているかどうか」だといわれるそうだ。

これは一個人の意見だが、「デスノート」は2･5次元ミュージカルファンの間で物議をかもしていたようだから、あながち少数意見でもないだろう。ここでは便宜上、「デスノート」は2･5次元ミュージカルではないとする考え方の人たちを「原作派」と呼ぶことにしよう。

「原作派」にとっての「2･5次元ミュージカル」は、原作漫画から派生するアニメやゲームなどと同列だ。つまり、「2･5次元ミュージカル」は広い意味での原作ワールドに所属している。

これに対して「デスノート」もまた2・5次元ミュージカルに含まれると捉える一派がある。ここではその一派を「ミュージカル派」と呼ぶことにしよう。

「ミュージカル派」にとっては原作漫画もまた、小説や映画や歴史上のエピソードなどと同様、これまで舞台化に使われてきた題材の中の一種である。いわば、原作漫画が小説や映画と同列であり、たまたま題材として原作漫画が使われたミュージカルのことを「2・5次元ミュージカル」と称していることになる。

つまり「原作派」と「ミュージカル派」、それぞれにとっての「2・5次元ミュージカル」の定義は異なっているということだ。

「原作派」と「ミュージカル派」には今のところ

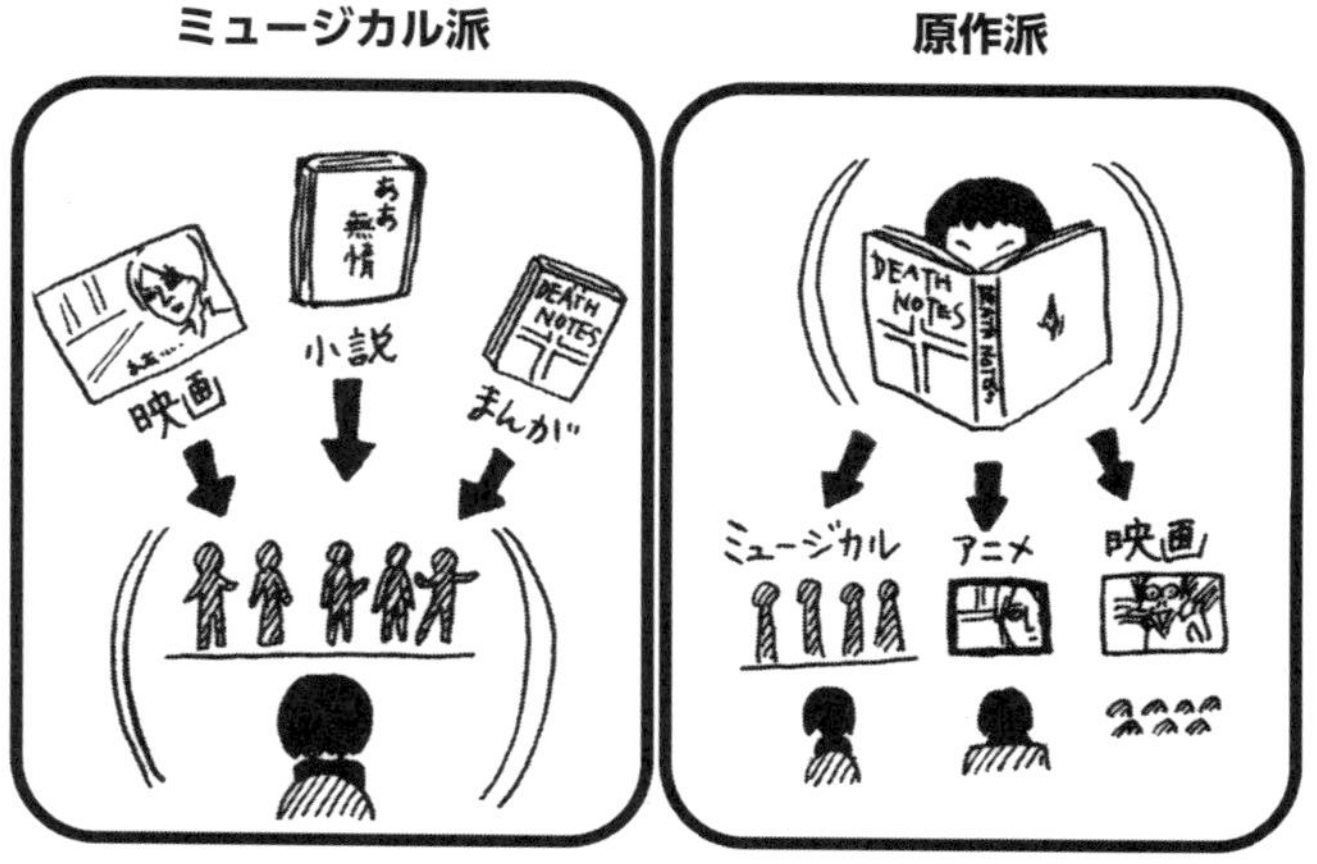

重なりはあまりなく、両者が観ている舞台もそれぞれ違う。端的に言うと、渋谷にある「アイア 2.5 シアタートーキョー」に通っているのが「原作派」であり、日比谷の帝国劇場に通っているのが「ミュージカル派」だ。昨今は、テニミュ出身俳優のミュージカル界での活躍が著しいことから、渋谷→日比谷という観客の流れは生まれつつあるが、逆は今のところほとんどないようだ。

この二派の関係がどのようになっていくのか？ 融合するのか分離したままなのか？ はたまた片方がもう片方を吸収合併してしまうのか？ それによって「2.5次元ミュージカル」という言葉の捉え方も変わってくるだろう。じつはそれが「2.5次元ミュージカル」の今後を占う鍵となってくる気がしている。

以下、この扉では、日本2.5次元ミュージカル協会がいうところの「2次元で描かれた漫画・アニメ・ゲームなどの世界を、舞台コンテンツとしてショー化したもの」に当てはまる作品を「2.5次元ミュージカル」、このうち原作派も「2.5次元ミュージカル」と認めるものを「狭義の2.5次元ミュージカル」として話を進めていくことにする。

発揮されるタカラヅカの底力

タカラヅカが2・5次元ミュージカルに本気で取り組み始めたのは、ちょうどテニミュ人気が定着した頃、2009年に宙組で上演された「逆転裁判」あたりからではないかと思う。「逆転裁判」は、カプコンが出している人気ゲームを舞台化した作品だ。主人公の弁護士、フェニックス・ライト（ゲームでは成歩堂龍一《なるほどうりゅういち》）を演じたのは蘭寿《らんじゅ》とむ。「ゲームを舞台化するなんて！」と昭和世代は驚くが、ゲームといっても下手な推理小説などよりはよほど深みのあるストーリーがあるから、舞台化は十分に可能というわけだ。

このとき劇場にはゲームのファンがこぞって押しかけ、タカラヅカファンのほうがアウェイ感を感じるほどだった。そして、押しかけたゲームファンは皆、タカラジェンヌの「二次元の三次元化力」、つまりキャラクター再現力に目を見はったのである。

これぞ、1974年の「ベルばら」初演以来のノウハウ蓄積のたまものだ。初代オスカルを演じた榛名由梨は、原作ファンの夢を壊さないよう、オスカルという役を漫画から抜け出て来たかのように見せるために苦慮した。「漫画のように目の中にお星様を飛ばすにはどうしたらいいか？」ということまで真剣に考え、演出を担当した長谷川一夫に「視線を2階の手すりから1階に落とし、客席の『いー26番』を見なさい」とアドバイスされたというのも有名な話だ。榛名がその通りにやってみたら、本当に目の中にお星様が煌めいたらしい。

「ベルばら」初演時には「2·5次元ミュージカル」という言葉はまだ生まれていなかったから「ベルばらこそ、元祖2·5次元ミュージカルである」というのは後付けの話だが、こうしたエピソードを聞くと「元祖2·5次元ミュージカルである」と堂々と称していい気がする。

2016年の雪組公演「るろうに剣心」でトップスター早霧《さぎり》せいなが演じた主人公・緋村剣《ひむらけん》心《しん》も、漫画から抜け出てきたような出で立ちで、殺陣《たて》も得意な早霧にはハマリ役だったが、

「タカラヅカの強みはキャラクターを作り込めるところにある。衣装にしてもメイクにしてもヘアスタイルにしても、漫画っぽく作り込める。リアルからは離れていきそうなんだけど、じつは漫画やアニメの世界に近づいている証拠なんだなと思う」

（CS放送「ナウオンステージ」より）

と言っていた。

漫画が原作ではなくても、タカラヅカが上演している作品は、逆にそのまま漫画にしてしまえそうなお話ばかりである。しかもその傾向は、「ベルばら」以降のタカラヅカが「実」から「虚」へ移行してからますます強まった。

古今東西あらゆる題材を舞台化してしまうタカラヅカだが、唯一なかなかネタにされないのが「現代のリアルな日本」である。「現代」の作品では舞台が必ず海外に移り、「日本」が舞台のときは時代が過去にタイムスリップするのだ。「諏訪一郎君」のような同時代の青年が主人公となる作品（第5の扉178頁）は最近とんと見かけず、登場するのは軍服の貴公子だの輪っかのドレスのお姫様だの、現代の日本人とはおよそかけ離れた人物ばかり。作品によっては死神や妖精でさえ主人公になる。こうした役ばかり作り込んで演じているのがタカラジェンヌである。漫画キャラクターの再現など朝飯前だろう。

もっとも、この点に関しては元・星組トップスターとして活躍した柚希礼音がＮＨＫの対談番組の中で興味深いことを言っていた。

「私自身は、きれいな夢の世界の中のリアルをすごく求めていました。『夢』だからこういうものだよ、というのはイヤで、ストレートプレイだと思って『ベルサイユのばら』を作り直してみたりすると、名セリフの言葉も『そう言ってしまうぐらい（気持ちが）盛り上がるから、そう例えたんだ』と思えて、全部血が通い出したことがあって……」

（ＮＨＫＥテレ「ＳＷＩＴＣＨインタビュー　達人達」）

ビジュアルの再現力が問われるのは言うまでもないが、作り上げたキャラクターに魂が吹き込まれなければ舞台上で魅力的に息づくことはできない。これに関しても「ベルばら」以降の経験値があるのが、タカラヅカの強みなのだ。

キャラクターの再現力だけではない。「逆転裁判」ではゲーム画面さながらのセットが組まれ、音楽もゲームで流れるものが使用され、「異議あり！」といった各キャラクターのお約束フレーズやお約束仕草がふんだんに盛り込まれていた。このため、客席ではまるで巨大な画面でゲームをしているかのような臨場感を味わうことができた。こちらは、スタッフの総合力のたまものといえるだろう。

つまり「ゲームの世界を忠実に再現している」という点で「逆転裁判」はまぎれもなく「2・5次元ミュージカル」だった。物議をかもしたのは、主人公のニックことフェニックス・ライト弁護士が、ゲームに登場しないオリジナルキャラクターの女性と恋に落ちたことぐらいだ。もっとも、この点こそ重大な問題だといわれればそうなのだが……。

ともあれ、この作品はゲームファンの間でも好評を博し、千秋楽の日に急遽、続編の上演が発表されるほどだった。その後のタカラヅカでは「メイちゃんの執事」（2011年星組）、「銀河英雄伝説@TAKARAZUKA」(2012年宙組)、「戦国BASARA」(2013年花組)、「伯爵令嬢」(2014年雪組)、「ルパン三世」(2015年雪組)、「るろうに剣心」(2016年雪組)と、「2・5次元ミュージカル」にカテゴライズされそうな作品を着々と上演し、いずれも原作ファンの間でも話題になっている。2011年以降は年間1本というペースだ。

2013年には手塚治虫の漫画を原作とした「ブラック・ジャック 許されざる者への挽歌」が雪組で上演された。漫画「ブラックジャック」の舞台化は1994年にも行われているが(花組「ブラックジャック 危険な賭け」)、ストーリーはまったく違うし、2013年版のほうが、「2・5次元ミュージカル」として原作の世界観に忠実に作られているように感じた。

タカラヅカは「2・4次元」

こうして漫画やアニメ・ゲームを着々と舞台化し、世の2・5次元ミュージカルのファン層にもアピールしつつあるタカラヅカ。だが、それらが「原作派」も認めるところの「狭義の2・5次元ミュージカル」にも含まれるのかというと、それはちょっと違うようだ。何故なら、それはあくまでも「タカラヅカ流」の2・5次元ミュージカルだからだ。
「ベルばら」以来の伝統で磨き抜かれた「二次元の三次元化力」は原作ファンからも必ず高く評価されるにも関わらず、タカラヅカの2・5次元ミュージカルと「狭義の2・5次元ミュージカル」との間には、越えがたき一線が存在しているらしい。
その一線はいったい何だろう？「ユリイカ」2015年4月臨時増刊号「総特集　2・5次元」に掲載された、演出家の小柳奈緒子氏へのインタビュー記事の中にその答えといえそうな一節を発見した。

「言ってみれば宝塚というジャンル自体が2・5次元なんですよね。そこにさらに2・5次元を混ぜるというのは少し考える必要のあるところだと思います。彼女たちはキャラクターなんですよ。タカラジェンヌという役を演じているところがあるので、逆に2・5次元が好きな方には楽しめるんじゃないかなと。そこがもっと理解されると宝塚をみようという方が増えるかもしれませんね」

「これはポジティヴに思っているんですが、リアルはフィクションに敵わないと思うんです。

リアルを模倣してフィクションがあるのではなく、イデアとしてのフィクションがあってそこにリアルが追従している。私にとっては二次元が主、三次元が従なんです。3が2にいくための方法論としての2·5だと思うんです。これは0·5減っているのではなく、余分な0·5を削っている。宝塚はそこに0·1上乗せされているなにかがあると思うので、それは手放すべきではない。よく宝塚の男役はどうして格好いいのかと言われますけど、それは格好よさを足しているんじゃなくて、格好悪さを引いているんです。よい匂いをさせるんじゃなくて、無臭に近づけている。そのノウハウの蓄積が2·4の延長としてラウンジにお茶に行くということ[※4]であり、それはわれわれの日常としての3に対して宝塚の積み重ねてきたアドバンテージの結果なんです」

小柳奈緒子氏は、今のタカラヅカで「2·5次元の世界を一番わかっている」と定評があり、若い世代のファンから圧倒的に支持されている演出家だ。その小柳氏が「タカラヅカ流は『2·4次元』である」と言っている。2·5次元と2·4次元、その間にある0·1の差異が、タカラヅカ作品と他の2·5次元ミュージカルとの間に存在する「越えがたき一線」なのだろう。

ここで注目したいのは、

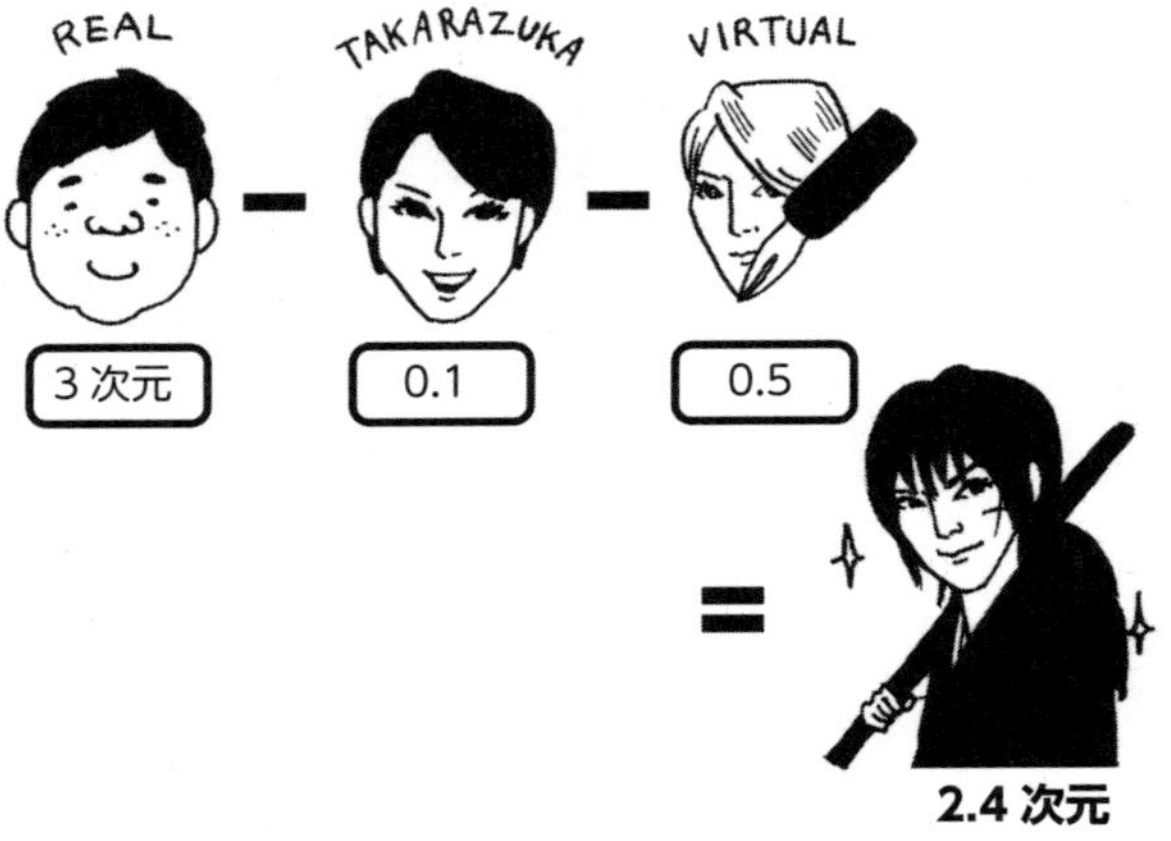

「宝塚というジャンル自体が2・5次元」
「彼女たちはキャラクターなんですよ。タカラジェンヌという役を演じているところがある」
という部分だ。確かに、もともとタカラジェンヌという存在自体「夢の世界の住人」「フェアリー」などと呼ばれ続けてきた。

1962年に初演された「タカラジェンヌに栄光あれ」（作・演出は高木史朗）という作品の主題歌の中にも、「私たちは夢を売るフェアリーである」と称するフレーズがある。この歌は各種イベントでしょっちゅう歌われるからファンにも耳馴染みだが、冷静に歌詞を読むと「何という自画自賛！」と驚いてしまう。

戦前、緑の袴を颯爽とはき始めた頃[※5]からタカラジェンヌは少女たちが憧れるフェアリー的存在だったが、ネット時代の今、その傾向はますます助長され、しかも質が少々変わってきている気がする。

戦前から昭和の時代まで、タカラヅカのフェアリーはすなわち「おとめ」であった。その背景には、とかく異端視されがちな「男役」を演じる存在だからこそ、舞台を降りたときの素顔は清く正しく美しい「宝塚おとめ」でなくてはならなかったという事情があったと思う。

だが、今はちょっと違う。今どきの男役はオフの姿もしばしば「王子」もしくは「彼氏」「イケメン」などと称される。たまたまネット上のまとめサイトで、在団中の男役を「アイドル系」「王子様系」「オラオラ系」「メガネ男子系」などと分類してあるものを発見した。本来の性別が女性である彼女たち（彼ら？）を「王子」ということに何の違和感もないのだ。対する娘役は「プリンセス」なのだろう。

タカラヅカ名物の入り待ち・出待ちは、「王子様」や「プリンセス」であるタカラジェンヌを垣間見ることができる貴重な場だ。その姿はリアルタイムでツイッターなどに流れていく。そういう状況をみていると「彼女たちはキャラクターなんですよ。タカラジェンヌという役を演じているところがある」という言葉が実感を伴って響いてくる。まったく今どきのタカラジェンヌもご苦労なことだ。

素顔からして「夢の世界」の王子でありプリンセスである彼女たちが創り上げる舞台は「スーパー夢の世界」でなくてはいけない。だから作品を選ぶし、ルパン三世だってモミアゲの量を減らし、ちょっぴりスタイリッシュになって登場する。それがタカラヅカ流の「2・4次元」ということなのだろう。

「2・5次元ミュージカル」が消える日？

今や2・5次元ミュージカルは花盛り。２０１６年8月には帝国劇場にもいよいよ2・5次元ミュージカルの定義に当てはまる作品が登場した。「王家の紋章」である。

古代エジプトの王メンフィス（浦井健治）と現代のアメリカ人キャロル（宮澤佐江／新妻聖子　Wキャスト）との時空を超えた恋、エジプトと敵対しながらもキャロルに想いを寄せるヒッタイトの王子イズミル（宮野真守《まもる》／平方元基《げんき》　Wキャスト）……『月刊プリンセス』で現在に至るまで連載が続いている人気少女漫画の舞台化だ。

連載が始まったのは１９７６年だから、原作漫画のファンの年齢層は幅広い。どちらかというと、これまで「2·5次元ミュージカル」といわれると引き気味だった40~50代の女性も多いだろう。だが、40~50代女性といえば、「普通の」ミュージカル愛好者は多い層である。つまり、これまでは乖離していることが多かった「原作ファン」と「ミュージカルファン」が、この作品においては重なる可能性が高い。キャストには濱田めぐみや山口祐一郎など歌唱力に定評のあるミュージカル界の実力派が顔をそろえたが、声優として活躍する宮野真守やテニミュ出身の矢田悠祐《ゆうすけ》も加わり、いわゆる「狭義の2·5次元ミュージカル」が好きな若い世代も多数劇場に駆けつけた。

多彩な観客層を前に、脚本・演出を担当する荻田浩一氏は原作ファンのツボは細やかに押さえつつも、作品の世界観そのものをミュージカルの王道の手法で大胆に展開した。「エリザベート」などでも知られるシルヴェスター・リーヴァイ氏の楽曲が悠久のナイルを感じさせる大らかさで全編を流れたのが印象的だった。

なぜ今「帝劇でも2·5次元ミュージカル」なのか？　そこには単に「若い世代の観客を取り込もう」という近視眼的な狙いだけではない、もっと大きな流れの中での意味があるような気がしてならない。

要するにそれは「帝劇で上演するに足る、完成度の高い2・5次元ミュージカルが実現可能になった」ということではないだろうか。少なくとも「王家の紋章」において荻田氏はそれを志向していたように思う。

第6の扉でみてきたとおり、ミュージカル100年の歴史の中で達成されたのは「歌とダンスと芝居の融合」だった。日本でミュージカルと称されたものも、最初は陳腐なドタバタ劇であったし、歌って踊って芝居もできる三拍子そろった役者もいなかった。それが次第に、楽曲もダンスも芝居も洗練され、高度化していった。それをこなせる役者も育ってきた。

そこに映像が加わり、音響、照明などの技術も進化してきた。演じる側も二次元から抜け出てきたようなビジュアルを体現できるようになり、派手なアクションができる役者も増えてきた。つまり、「歌とダンスと芝居」に加え、「映像・照明・音響・衣装やメイク・アクションなど」あらゆる要素を融合した舞台をつくり出すことが可能になった。いわば次のステージへと入ったのだ。

かつて小林一三はその著書『日本歌劇概論』（1925年）の中で、「変わりゆく芝居の有様を想像するとき、私は、『舞台装置より生るる劇』が、背景画家や、大道具の新人や、舞台照明の学士、即ちこれらの舞台装置に属する人々の新しい考へを基礎として、劇の舞踊化とともに一大勢力となるべきことを信ずるのである」と書いている。90年後の今、まさにその言葉どおりになったといえる。

漫画やアニメなど二次元の世界では、理想のイケメンキャラ・美少女キャラも可視化されるし、「球を打ち込むと、テニスコート一面に氷の柱が降り注ぐ」といった荒唐無稽なシチュエーションも描ける。それが読者＋視聴者の心をとらえるいっぽうで、舞台化の際の制約にもなった。だが、その制約が技術的にクリアされた今、漫画やアニメはミュージカルの題材として大きな存在になりつつある。もともと日本には題材として魅力的な漫画・アニメが多数存在するのだから、それは必然の流れだ。

加えて最近では、歌やダンス、演出効果などで、作品世界をより効果的に描き出す手法も洗練されてきている。単に漫画やアニメを舞台上で忠実に再現するだけではない。2.5次元ミュージカルも「舞台ならではの面白さ」が求められる時代になってきている気がする。

これまで、小説や映画、歴史上のエピソードなど、様々な題材が舞台化されてきた。同じように漫画やアニメも舞台化される。そうなったとき、「2次元で描かれた漫画・アニメ・ゲームなどの世界を、舞台コンテンツとしてショー化したもの」を特別視する必要はだんだん薄れていくのではないだろうか。皮肉なことだが2.5次元ミュージカルが成熟し定着するほど、逆に「2·5次元ミュージカル」という言葉への注目度は下がっていく気がする。

「原作派」の人たちからすると、これは不本意なことかもしれない。だが、逆に頭の古いミュージカルファンがうかうかしている間に、「狭義の2·5次元ミュージカル」の方だってすごいスピードで進化を遂げている。

今年4月に「ハイキュー!!」を観た時につくづくそう感じた。この作品はバレーボール漫画を舞台化しており、間違いなく「狭義の2·5次元ミュージカル」に属する。だが、終演直後に私自身が思ったのは「これなら友だちにも勧められる!」ということだった。「友だち」とは、すなわち「ミュージカル派」の人たちだ。「ハイキュー!!」は、原作ファンでないと楽しめないマニアックな舞台では全くなかった。映像や照明を駆使してバレーボールの試合を舞台上で見せてしまう手腕はお見事で、展開もスピーディで飽きさせない、でも、わかりやすいから原作を知らなくても全く問題ない。要するに「誰が見ても面白い」のだ。

私が勧めるまでもなく、「ミュージカル派」の中でも感度の高い人たちはすでにこのことに気づき始めているだろう。「狭義の2·5次元ミュージカル」と「ミュージカル」の境界線は次第に薄まり、「原作派」と「ミュージカル派」の敷居も以前よりは下がっていくような気がする。

「夢の世界」の行く末

こうして、「2·5次元ミュージカル」はその成熟とともにミュージカルの立派な一ジャンルとなり、その言葉自体は消えていったのでした、ちゃんちゃん。……と、この話はそう簡単には終わらない。

「2·5次元」の世界というのは、いわば「現実」(三次元)に対する「虚構」、「実」に対する「虚」の世界である。「2·5次元ミュージカルの隆盛」とは、これまでは二次元の漫画やアニメ、あるいは映像でしか描くことができなかった「虚」の世界を舞台上でも完成度高く描くことができるようになったということだ。そして、観客の側も舞台に「虚」の世界を強く求めるようになってきている気がする。

実際、このところのヒットミュージカルは一見、21世紀の日本に生きる私たちの日常からはほど遠い「虚」の世界を描いたものばかりだ。「エリザベート」しかり、「レ・ミゼラブル」しかり。ミュージカルファンの中には、18世紀末から19世紀初頭のフランスと19世紀末のオーストリアの歴史にだけはやけに詳しい人が増えていく。もっとも観客としては、甘く美しい砂糖菓子のような世界に逃げ込むつもりもない。ただ、日常とはちょっと離れたところで、鳥籠のような宮殿から脱して自由を求め続けるヒロインや革命に命を賭ける若者たちの生き様に、純粋に自己投影したいのかもしれない。

だが、いってしまえばこれは「ミュージカル全般が2.5次元化している」ということではないか？（現実から遠ざかっているという意味で、だ）

とくにタカラヅカは「ベルばらブーム」以降はずっとそうだった。この扉の最初に書いた通り、「ベルばら」がタカラヅカを「虚」の世界、つまり「夢の世界」に引き戻した。しかも60年代までの模索で歌やダンス、芝居の力を蓄積し、「ベルばら」によって「二次元の三次元化力」にも磨きがかかったタカラヅカは、いつの間にやら非常に完成度の高い「虚」の世界を提供できるようになっていた。

そして、この世界はタカラヅカの「男役」がその本領を発揮する世界でもある。生々しさがそぎ落とされた「男役」は、「虚」の世界のヒーローにぴったりだ。長年、弱点とされてきた「女性ばかりの劇団」であることが、ここにきて他の追随を許さない強みになったのだ。これは、タカラヅカの歴史においても画期的なことである。

現実から遠ざかることによって、これまでずっと演劇にはつきものだった社会風刺や社会への問題提起という色合いは薄まっている。元来ミュージカルだって「ショウボート」にせよ「ウエストサイド物語」にせよ、その時代の社会問題が色濃く反映されていたが、最近はそういう作品はあまり見かけない。現実を忘れるための「虚」の世界なのに、そこで現実を思い出させるようなことはやめて欲しいというのは、当然の願いなのだろう。

昨年、とあるトークイベントの席で社会学者の山田昌弘氏が、「1980年代に世の中は『理想の時代』から『虚構の時代』へと移行した。舞台もまた現実からの逃避の場になりつつある」と話された。「とはいえ格差社会といわれる今、チケット代のかかる舞台に足を運べない層も増えているのでは?」との疑問に対しても、「結婚して子育てするコストに比べれば、チケット代なんて安いもの。むしろこれからは、チケット代を払って現実逃避する人は増える」とおっしゃったのが忘れられない。

「2.5次元ミュージカル」は、そんな今の時代にぴったりの、まさに時代が求める様式なのかもしれない。そして、幸か不幸かタカラヅカは、それを提供できる人材とスキルを備えた最強の集団である。

さて、この先タカラヅカはいったいどうするのか？

ふと「アリスの恋人」（２０１１年月組）という作品で明日海《あすみ》りお演じるルイス・キャロルがナイトメア（星条海斗《せいじょうかいと》）との戦うシーンで言うセリフを思い出した。

「僕はわかっていなかった。夢を見るためには目覚めなければいけないんだ。夢は現実と戦い続ける者だけが見られる特権なんだ！」

「夢の世界」タカラヅカは、じつはふわふわふわした夢ばかりで成り立ってきたわけではない。「虚」たる夢の世界の反対側には常に「実」があった。そして、この２つの緊張関係がタカラヅカの底力となってきたはずだが……。

これからのタカラヅカの虚実の駆け引きに期待しよう。

※1　何故、2.5次元「ミュージカル」なのか、「ミュージカル」に限定されるのかという問題はある。実際には漫画・アニメ・ゲームなどの舞台化作品の中には、ミュージカルというよりはストレートプレイに近いものも存在している。

※2　「ショーちゃん」は榛名由梨の愛称。

※3　1975年花組公演はオスカル安奈淳、アンドレ榛名由梨が、雪組公演はオスカル汀夏子、アンドレ麻実れい。1976年星組公演ではフェルゼンを鳳蘭、マリー・アントワネットを初風諄が演じた。榛名・汀・鳳・安奈は「ベルばら四強」などと呼ばれる。

※4　このインタビューの前段で「宝塚のお客さまはお茶をして帰りましょうというときにホテルのラウンジに行くんです」という話をしている。だが実際にはそんなリッチなファンはごく一部で、大多数のファンが行くのはもう少しリーズナブルなカフェだろう。

※5　「緑の袴」はタカラジェンヌの正装とされる。1921年に滝川末子と高砂松子が大阪の心斎橋筋で買ってきた緑の袴が小林一三の目に止まったのがきっかけで統一されたとか。

西暦	年号	タカラヅカのできごと	2.5次元ミュージカルのできごと	世の中のできごと
1971 1980	昭和46 昭和55	昭和49 「ベルサイユのばら」空前の大ヒット。 昭和52 「風と共に去りぬ」上演。 昭和53 宝塚バウホール開場。		昭和50 新幹線が岡山から博多まで開通。 昭和54 イラン・イラク戦争。
1981 1990	昭和56 平成2			昭和60 男女雇用機会均等法の成立。 平成2 東西ドイツ統一。／バブル崩壊。
1991 2000	平成3 平成12	平成4 旧・宝塚大劇場が68年の歴史に幕。 平成5 新・宝塚大劇場オープン。 平成8 「エリザベート」雪組で初演。 平成9 旧・東京宝塚劇場が建替えのため閉館に。 平成10 宙組誕生。／宝塚1000days劇場での公演開始。	平成5 ミュージカル「美少女戦士セーラームーン」（セラミュ）初演。	平成3 ソビエト連邦の消滅。 平成7 阪神淡路大震災。Windows95の発売。
2001 2010	平成13 平成22	平成13 新・東京宝塚劇場オープン。 平成14 CS放送「タカラヅカ・スカイ・ステージ」開局。	平成15 ミュージカル「テニスの王子様」（テニミュ）1stシーズン始まる。 平成21 タカラヅカで「逆転裁判」上演。	平成13 アメリカ同時多発テロ。 平成20 リーマン・ショック。／iPhone3Gが日本で発売になる。
2011	平成23		平成23 テニミュ2ndシーズン始まる。／タカラヅカで「メイちゃんの執事」上演。 平成24 タカラヅカで「銀河英雄伝説@TAKARAZUKA」上演。	平成23 東日本大震災。

2016	平成28	平成25 第1回台湾公演。 平成26 宝塚歌劇100周年。	平成25 タカラヅカで「ブラック・ジャック　許されざる者への挽歌」「戦国BASARA」上演。 平成26 一般社団法人日本2.5次元ミュージカル協会設立。／タカラヅカで「伯爵令嬢」上演。 平成27 タカラヅカで「ルパン三世」上演。／アイア 2.5 シアタートーキョー開場、ライブ・スペクタクル「NARUTO-ナルト-」上演。／ミュージカル「デスノート」上演。／テニミュ3rdシーズン始まる。 平成28 タカラヅカで「るろうに剣心」上演。

あとがき

「いや〜、大風呂敷を広げすぎましたっ！」

この後に及んでこんなことを言うのは反則な気もするが、それが今の偽らざる実感だ。書き始めてから、挑むテーマが壮大すぎたことに気づくのは毎度のことだが、それにしても今回は身の程知らずだったかも、と思う。

絵に例えるなら、デッサン段階かもしれない。それでも、デッサンだけでも完成させることには意味があるはずという思いで、なんとか書き上げた。

そして、やはりデッサンの結果見えてきたことが二つほどあった。

その一つは、当初の仮説であった「ＨＵＢ」としてのタカラヅカの、より具体的なイメージの変遷だ。「はじめに」３頁で示した図が少しバージョンアップできた気がする（次ページ図）。

タカラヅカは常に「実験場」であったという意味で、まさにＨＵＢだった。新たなジャンルの舞台芸術が日本にやってきたとき、まずは実験場としてのタカラヅカに取り込まれる。そして、実験の役割を終えたとき、そのジャンルはタカラヅカを離れ、独自の道を歩み始める。

だが、その頃にはタカラヅカ自身もそのジャンルを栄養として取り込んで我が物としている。

こうしてタカラヅカは「タカラヅカ」としか言いようのない存在として成長してきたのだ。その貪欲さがこれからも続くといいなと思う。

もう一つ見えてきたのは、その過程で続けられてきた、2つの方向での駆け引きである。「和」と「洋」、「虚」と「実」、この2つの軸の間を常に揺れ動き、決して予定調和することなく、その時々での最適な位置取りを模索してきたのがタカラヅカ100年の歴史だ。

この面倒な緊張感を今後も保てるかどうかが、これからもタカラヅカが時代と折り合いながらやっていけるかどうかの鍵になる気がする。

むろんデッサン段階だけに、描き込みが足りない部分は数多あるし、開けてみるべき扉は本書の7つだけに留まらないことにも気付いた。たとえば「映画」や「ストレートプレイ」など。今回は力及ばず断念したが、今後

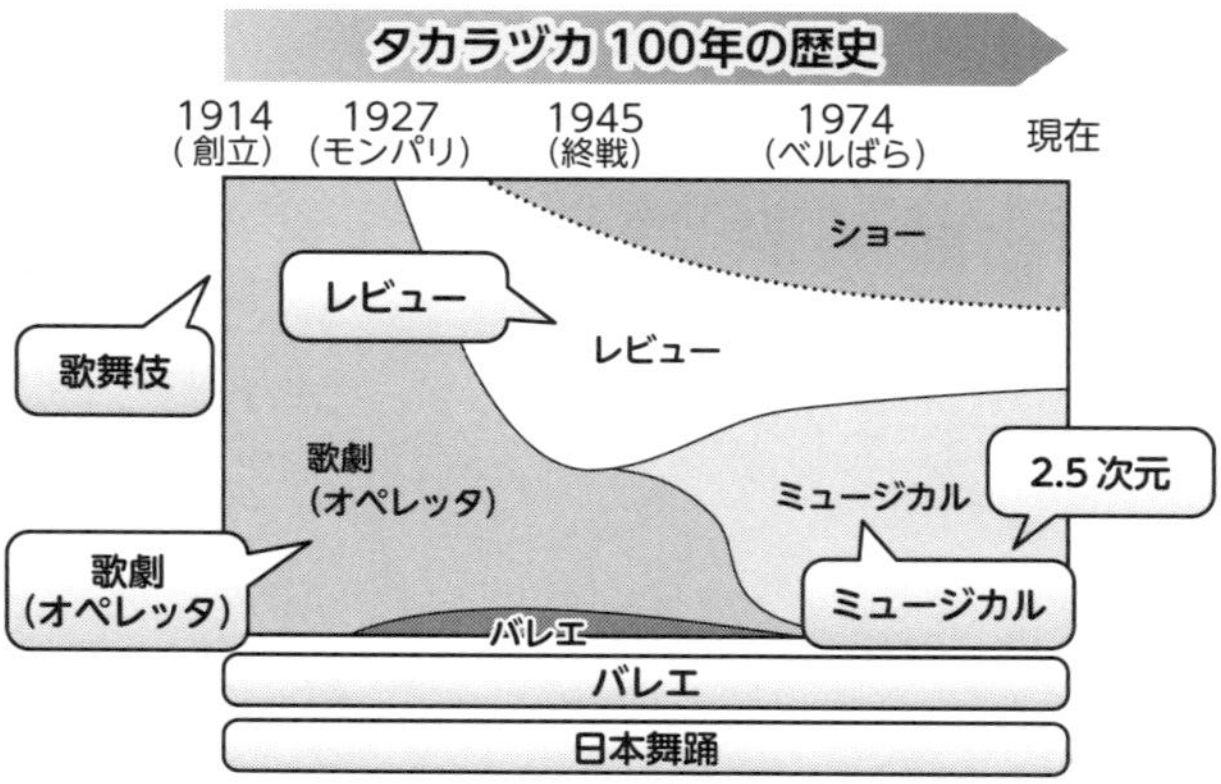

の課題としていきたい。

本書の誕生にあたって、今回も多くの方のお力添えをいただいた。

執筆にあたっては妹尾麻代さん、田辺佳子さん、平野美奈さん、福地誠さんからのご意見を参考にさせてもらった。第4の扉「タカラヅカ×バレエ」の項では阿部さや子さんより、第5の扉「タカラヅカ×日本舞踊」の項では五月梨世さんに専門家ならではの貴重なアドバイスをいただき、真名子陽子さんには全体に丁寧に目を通してもらい的確な指摘をいただいた。

東京堂出版の名和成人さん、上田京子さん、デザイナーの佐藤友美さんにはまた今回もお世話になった。これまでとは一味違う牧彩子さんのイラストも彩りを添えてくれた。おかげで手に取って愛着のわく一冊に仕上がったことを心から嬉しく思う。

甚だ簡単ではあるけれど、この場をお借りして感謝の気持ちをお伝えしたい。本当にありがとうございました。

この本が私自身にくれた一番のギフトは、執筆の過程で何度となく味わった驚きと興奮、そして、奇跡のようなタカラヅカ100年の歴史への畏敬の念だ。本書を通じて、この気持ちをひとりでも多くの方と共有できたら嬉しい。

〈主要参考文献〉

『浅草オペラ物語』（増井敬二／芸術現代社）1998年
『逸翁自叙伝』（小林一三／阪急電鉄）2000年
『歌う国民ー唱歌、校歌、うたごえ』（渡辺 裕／中央公論新社）2010年
『おもひつ記』（小林一三／阪急コミュニケーションズ）2008年
『歌舞伎座物語』（中川右介／PHP研究所）2010年
『歌舞伎と宝塚歌劇ー相反する、密なる百年』（吉田弥生・阿部さとみ／開成出版）
『菊田一夫 芝居つくり四十年』（菊田一夫／日本図書センター）1999年
『菊田一夫の仕事 浅草・日比谷・宝塚』（井上理恵／社会評論社）2011年
『清く正しく美しく』（天津乙女／宝塚歌劇団）1978年
『近代日本の音楽文化とタカラヅカ』（津金澤聰廣・近藤久美［編著］／世界思想社）
2006年
『劇場二十年』（秦豊吉／朝日新聞社）1955年
『劇団四季と浅利慶太』（松崎哲久／文藝春秋）2002年
『劇団四季 MUSICALSー浅利慶太とロイド＝ウェバー』（安倍寧／日之出出版）
1996年
『行動する異端 秦豊吉と丸木砂土』（森彰英／TBSブリタニカ）1998年
『小島利男と私ー都の西北と松竹少女歌劇』（小島千鶴子／ベースボールマガジン社）
1994年
『小林一三全集』（ダイヤモンド社）1961年
『白き薔薇の抄』（春日野八千代／宝塚歌劇団）1987年
『タアキイー水の江滝子伝』（中山千夏／新潮社）1993年
『宝塚歌劇 華麗なる100年』（朝日新聞出版）2014年
『宝塚歌劇検定 公式基礎ガイド2010』（阪急コミュニケーションズ）2010年
『宝塚歌劇今昔物語ータカラジェンヌよ永遠に』（橋本雅夫／小学館）2002年
『宝塚歌劇における民俗芸能と渡辺武雄』（池田文庫）2011年
『宝塚歌劇の変容と日本近代』（渡辺裕／新書館）1999年
『宝塚と私』（白井鐵造／中林出版）1967年
『宝塚のわかる本』（高木史朗／廣済堂出版）1976年
『宝塚花物語』（高木史朗／秋田書店）1964年
『帝劇の五十年』（東宝）1966年
『帝劇ワンダーランド』（ぴあ）2011年
『帝国劇場開幕』（嶺隆／中央公論社）1996年
『時の光の中でー劇団四季主宰者の戦後史』（浅利慶太／文藝春秋）2009年
『日劇レビュー史ー日劇ダンシングチーム栄光の50年』（橋本与志夫 ／三一書房）
1997年
『日本文化 モダンラプソディ』（渡辺裕／春秋社）2002年
『バレエ読本』（オリガ・サファイア／山王書房）1950年
『見たこと 聞いたこと 感じたこと ー我がタカラヅカー』（小林米三／阪急電鉄）
2001年
『夢のレビュー史 宝塚・OSK・SKDのあゆみ』（菅原みどり／東京新聞出版局）
1996年
『ユリイカ』臨時増刊号 総特集2.5次元（青土社）2015年4月
『レビューと共に半世紀ー松竹歌劇団50年のあゆみ』（松竹歌劇団／国書刊行会）
1978年
『レヴューの王様 ー白井鐵造と宝塚ー』（高木史朗／河出書房新社）1983年
『わが小林一三』（阪田寛夫／河出文庫）1991年
『宝塚歌劇五十年史』『宝塚歌劇の60年』『宝塚歌劇の70年』『夢を描いて華やかに
宝塚歌劇80年史』
『すみれ花歳月を重ねて 宝塚歌劇90年史』『宝塚歌劇100史』（宝塚歌劇団）
雑誌『歌劇』『公演プログラム』（宝塚歌劇団）
宝塚歌劇団公式ウェブサイト
http://kageki.hankyu.co.jp/html/

略歴

中本《なかもと》千《ち》晶《あき》

フリージャーナリスト。1967 年兵庫県生まれ、山口県育ち。東京大学法学部卒業。株式会社リクルートに勤務ののち、独立。

舞台芸術、とりわけ宝塚歌劇に深い関心を寄せ、独自の視点で分析し続けている。

宝塚歌劇関係の著作に『宝塚読本』（文春文庫）、『なぜ宝塚歌劇の男役はカッコイイのか』『ヅカファン道』『タカラヅカ流世界史』『タカラヅカ流日本史』『タカラヅカ 100年 100問 100答』『宝塚歌劇は「愛」をどう描いてきたか』（東京堂出版）など。「日経 MJ」「朝日新聞デジタル」でも、舞台劇関連の記事を執筆中。

NHK 文化センター講師、早稲田大学非常勤講師。

http://chiaki-nakamoto.cocolog-nifty.com/blog/
メールアドレス　chiaki@nakamoto.name　／　ツイッターアカウント　@kappanosuke

本文イラスト ● 牧　彩子 まき あやこ

イラストレーター。1981年生まれ。兵庫県在住。京都市立芸術大学版画専攻卒業。2008年よりフリーランス。宝塚歌劇の舞台再現模型、イラストレーション等を手がける。

その他、人物イラストを中心に活動中。第一子を出産し、宝塚ソングを子守歌に日々子育てをする宝塚ファン。

http://homepage3.nifty.com/maki-rin/
メールアドレス　manycolors2@gmail.com　／　ツイッターアカウント　@maki_sun

本文デザイン ● 佐藤友美 さとう ともみ

東京堂出版の新刊情報です
▼

宝塚歌劇に誘《いざな》う 7つの扉

2016年 9 月 30日　初版印刷
2016年10月 10日　初版発行

著　者　中本千晶
発行者　大橋信夫
発行所　株式会社 東京堂出版　http://www.tokyodoshuppan.com/
〒101-0051
東京都千代田区神田神保町1-17
電話　03-3233-3741
振替　00130-7-270

印刷所　日経印刷株式会社
製本所　日経印刷株式会社

ISBN978-4-490-20949-5 C0074